医药会计基础与实务

第二版

中国职业技术教育学会医药专业委员会 ◎ 组织编写

邱秀荣　主编　　李端生　主审

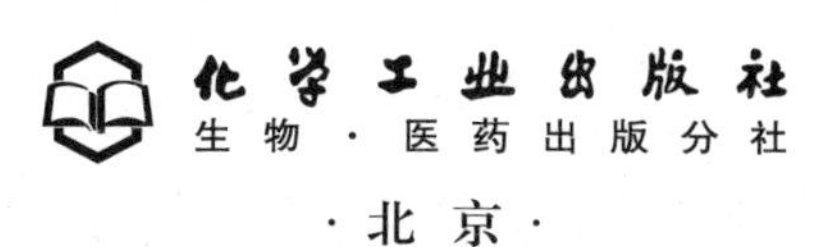

·北京·

本书是全国医药高等职业技术学校教材，以财政部2008年颁布的《企业会计制度》为依据编写而成。内容介绍了会计总论、账户和复式记账、生产企业主要经济业务核算、商品流通企业主要经济业务的核算、会计凭证、银行转账结算业务的核算、会计账簿、财产清查、财务处理程序及财务报告等。书中理论与实践相结合，理论部分强调“必需、有用、够用”，同时加大了实训内容的比例，使“教、学、做”相统一。

本书属会计学入门教材，适用于医药类高等职业技术学院的市场营销专业、会计学专业以及其他相关专业基础会计教学使用。

图书在版编目（CIP）数据

医药会计基础与实务/中国职业技术教育学会医药专业委员会组织编写，邱秀荣主编. —2版. —北京：化学工业出版社，2010.7（2025.2重印）

ISBN 978-7-122-08577-1

Ⅰ.医… Ⅱ.①中…②邱… Ⅲ.医药产品-商业企业-商业会计 Ⅳ.F717.5

中国版本图书馆CIP数据核字（2010）第089296号

责任编辑：陈燕杰　余晓捷　孙小芳　　　文字编辑：向　东

责任校对：宋　夏　　　装帧设计：关　飞

出版发行：化学工业出版社　生物·医药出版分社（北京市东城区青年湖南街13号　邮政编码100011）

印　　装：河北延风印务有限公司

787mm×1092mm　1/16　印张11½　字数283千字　　2025年2月北京第2版第13次印刷

购书咨询：010-64518888　　售后服务：010-64518899

网　　址：http://www.cip.com.cn

凡购买本书，如有缺损质量问题，本社销售中心负责调换。

定　　价：29.00元

本书编写人员

主　　编　邱秀荣

参编人员　（按姓氏笔画排序）

王变梅（山西生物应用职业技术学院）

邓冬梅（广东化工制药职业技术学院）

刘京红（北京联合大学）

邱秀荣（山西生物应用职业技术学院）

李海蓉（山西财贸职业技术学院）

姜　娟（沈阳药科大学高等职业技术学院）

童　燕（浙江医药职业技术学校）

主　　审　李端生（山西财经大学）

第二版前言

本套教材自2004年以来陆续出版了37种，经各校广泛使用已累积了较为丰富的经验。并且在此期间，本会持续推动各校大力开展国际交流和教学改革，使得我们对于职业教育的认识大大加深，对教学模式和教材改革又有了新认识，研究也有了新成果。概括来说，这几年来我们取得的新共识主要有以下几点。

1. 明确了我们的目标——创建中国特色医药职教体系。党中央提出以科学发展观建设中国特色社会主义。我们身在医药职教战线的同仁，就有责任为了更好更快地发展我国的职业教育，为创建中国特色医药职教体系而奋斗。

2. 积极持续地开展国际交流。当今世界国际经济社会融为一体，彼此交流相互影响，教育也不例外。为了更快更好地发展我国的职业教育，创建中国特色医药职教体系，我们有必要学习国外已有的经验，规避国外已出现的种种教训、失误，从而使我们少走弯路，更科学地发展壮大自己。

3. 对准相应的职业资格要求。我们从事的职业技术教育既是为了满足医药经济发展之需，也是为了使学生具备相应职业准入要求，具有全面发展的综合素质，既能顺利就业，也能一展才华。作为个体，每个学校具有的教育资质有限。为此，应首先对准相应的国家职业资格要求，对学生实施准确明晰而实用的教育，在有余力有可能的情况下才能谈及品牌、特色等更高的要求。

4. 教学模式要切实地转变为实践导向而非学科导向。职场的实际过程是学生毕业就业所必须进入的过程，因此以职场实际的要求和过程来组织教学活动就能紧扣实际需要，便于学生掌握。

5. 贯彻和渗透全面素质教育思想与措施。多年来，各校都十分重视学生德育教育，重视学生全面素质的发展和提高，除了开设专门的德育课程、职业生涯课程和大量的课外教育活动之外，大家一致认为还必须采取切实措施，在一切业务教学过程中，点点滴滴地渗透德育内容，促使学生通过实际过程中的言谈举止，多次重复，逐渐养成良好规范的行为和思想道德品质。学生在校期间最长的时间及最大量的活动是参加各种业务学习、基础知识学习、技能学习、岗位实训等。因此对这部分最大量的时间，不能只教业务技术。在学校工作的每个人都要视育人为己任。教师在每个教学环节中都要研究如何既传授知识技能又影响学生品德，使学生全面发展成为健全的有用之才。

6. 要深入研究当代学生情况和特点，努力开发适合学生特点的教学方式方法，激发学生学习积极性，以提高学习效率。操作领路、案例入门、师生互动、现场教学等都是有效的方式。教材编写上，也要尽快改变多年来黑字印刷，学科篇章，理论说教的老面孔，力求开发生动活泼，简明易懂，图文并茂，激发志向的好教材。根据上述共识，本次修订教材，按以下原则进行。

① 按实践导向型模式，以职场实际过程划分模块安排教材内容。

② 教学内容必须满足国家相应职业资格要求。

③ 所有教学活动中都应该融进全面素质教育内容。

④ 教材内容和写法必须适应青少年学生的特点，力求简明生动，图文并茂。

从已完成的新书稿来看，各位编写人员基本上都能按上述原则处理教材，书稿显示出鲜明的特色，使得修订教材已从原版的技术型提高到技能型教材的水平。当前仍然有诸多问题需要进一步探讨改革。但原本批修订教材的出版使用，不但能有助于各校提高教学质量，而且能引发各校更深入的改革热潮。

四年多来，各方面发展迅速，变化很大，第二版丛书根据实际需要增加了新的教材品种，同时更新了许多内容，而且编写人员也有若干变动。有的书稿为了更贴切反映教材内容甚至对名称也做了修改。但编写人员和编写思想都是前后相继、向前发展的。因此本会认为这些变动是反映与时俱进思想的，是应该大力支持的。此外，本会也因加入了中国职业技术教育学会而改用现名。原教材建设委员会也因此改为常务理事会。值本批教材修订出版之际，特此说明。

中国职业技术教育学会医药专业委员会主任

苏怀德

2008 年 10 月 2 日

第一版前言

从 20 世纪 30 年代起，我国即开始了现代医药高等专科教育。1952 年全国高等院校调整后，为满足当时经济建设的需要，医药专科层次的教育得到进一步加强和发展。同时对这一层次教育的定位、作用和特点等问题的探讨也一直在进行当中。

鉴于几十年来医药专科层次的教育一直未形成自身的规范化教材，长期存在着借用本科教材的被动局面，原国家医药管理局科技教育司应各医药院校的要求，履行其指导全国药学教育为全国药学教育服务的职责，于 1993 年出面组织成立了全国药学高等专科教育教材建设委员会。经过几年的努力，截至 1999 年已组织编写出版系列教材 33 种，基本上满足了各校对医药专科教材的需求。同时还组织出版了全国医药中等职业技术教育系列教材 60 余种。至此基本上解决了全国医药专科、中职教育教材缺乏的问题。

为进一步推动全国教育管理体制和教学改革，使人才培养更加适应社会主义建设之需，自 20 世纪 90 年代以来，中央提倡大力发展职业技术教育，尤其是专科层次的职业技术教育即高等职业技术教育。据此，全国大多数医药本专科院校、一部分非医药院校甚至综合性大学均积极举办医药高职教育。全国原 17 所医药中等职业学校中，已有 13 所院校分别升格或改制为高等职业技术学院或二级学院。面对大量的有关高职教育的理论和实际问题，各校强烈要求进一步联合起来开展有组织的协作和研讨。于是在原有协作组织基础上，2000 年成立了全国医药高职高专教材建设委员会，专门研究解决最为急需的教材问题。2002 年更进一步扩大成全国医药职业技术教育研究会，将医药高职、高专、中专、技校等不同层次、不同类型、不同地区的医药院校组织起来以便更灵活、更全面地开展交流研讨活动。开展教材建设更是其中的重要活动内容之一。

几年来，在全国医药职业技术教育研究会的组织协调下，各医药职业技术院校齐心协力，认真学习党中央的方针政策，已取得丰硕的成果。各校一致认为，高等职业技术教育应定位于培养拥护党的基本路线，适应生产、管理、服务第一线需要的德、智、体、美各方面全面发展的技术应用型人才。专业设置上必须紧密结合地方经济和社会发展需要，根据市场对各类人才的需求和学校的办学条件，有针对性地调整和设置专业。在课程体系和教学内容方面则要突出职业技术特点，注意实践技能的培养，加强针对性和实用性，基础知识和基本理论以必需够用为度，以讲清概念，强化应用为教学重点。各校先后学习了“中华人民共和国职业分类大典”及医药行业工人技术等级标准等有关职业分类，岗位群及岗位要求的具体规定，并且组织师生深入实际，广泛调研市场的需求和有关职业岗位群对各类从业人员素质、技能、知识等方面的基本要求，针对特定的职业岗位群，设立专业，确定人才培养规格和素质、技能、知识结构，建立技术考核标准、课程标准和课程体系，最后具体编制为专业教学计划以开展教学活动。教材是教学活动中必须使用的基本材料，也是各校办学的必需材料。因此研究会及时开展了医药高职教材建设的研讨和有组织的编写活动。由于专业教学计划、技术考核标准和课程标准又是从现实职业岗位群的实际需要中归纳出来的，因而研究会组织的教材编写活动就形成了几大特点。

1. 教材内容的范围和深度与相应职业岗位群的要求紧密挂钩，以收录现行适用、成熟规范的现代技术和管理知识为主。因此其实践性、应用性较强，突破了传统教材以理论知识为主的局限，突出了职业技能特点。

2. 教材编写人员尽量以产、学、研结合的方式选聘，使其各展所长、互相学习，从而有效地克服了内容脱离实际工作的弊端。

3. 实行主审制，每种教材均邀请精通该专业业务的专家担任主审，以确保业务内容正确无误。

4. 按模块化组织教材体系，各教材之间相互衔接较好，且具有一定的可裁减性和可拼接性。一个专业的全套教材既可以圆满地完成专业教学任务，又可以根据不同的培养目标和地区特点，或市场需求变化供相近专业选用，甚至适应不同层次教学之需。因而，本套教材虽然主要是针对医药高职教育而组织编写的，但同类专业的中等职业教育也可以灵活的选用。因为中等职业教育主要培养技术操作型人才，而操作型人才必须具备的素质、技能和知识不但已经包含在对技术应用型人才的要求之中，而且还是其基础。其超过“操作型”要求的部分或体现高职之“高”的部分正可供学有余力，有志深造的中职学生学习之用。同时本套教材也适合于同一岗位群的在职员工培训之用。

现已编写出版的各种医药高职教材虽然由于种种主、客观因素的限制留有诸多遗憾，上述特点在各种教材中体现的程度也参差不齐，但与传统学科型教材相比毕竟前进了一步。紧扣社会职业需求，以实用技术为主，产、学、研结合，这是医药教材编写上的划时代的转变。因此本系列教材的编写和应用也将成为全国医药高职教育发展历史的一座里程碑。今后的任务是在使用中加以检验，听取各方面的意见及时修订并继续开发新教材以促进其与时俱进、臻于完善。

愿使用本系列教材的每位教师、学生、读者收获丰硕！愿全国医药事业不断发展！

全国医药职业技术教育研究会

2004 年 5 月

编写说明

为适应21世纪高等职业教育发展的特点和办学要求，以培养具有较强专业技能的高素质技术应用型人才为主线。围绕职业要求，构建教材内容，立足于体现高等职业教育的特色，以达到高等职业教育的培养目标。本教材主要适用于非财会专业的学生使用，如“医药营销”“医药物流”“医药电子商务”等专业，通过本教材的学习使这部分专业的学生初步掌握企业会计核算的基本理论、基本方法和基础的账务处理，了解企业在经营过程中的营业成本、营业利润以及其他经济业务发生时的会计核算方法，了解会计报表的内容、结构等。为后续的专业课学习奠定基础。

本教材重点是以2008年1月1日财政部最新颁布的《企业会计制度》为主，对制度要求更改的内容进行修订。因为会计核算必须有基本规则、基本方法和基本要求做基础，所以在教材中除必需的基础理论外，更注重的是理论联系实际，在如何“做”上下功夫，在内容上重点突出以下三个方面。

一、教材围绕高等职业教育的培养目标，确立“立足学生素质的全面提高，突出专业技能培养”的指导思想，合理安排理论与实践教学，有意加大实训内容的比例。对具体教学内容也做了一些新的改动，理论部分强调“必需、有用、够用”，在讲清“是什么”“怎么做”的同时，适当地省略“为什么”。在实训部分列举了实际工作中具有医药行业特点的经济实例，并展示出在经济业务发生时，涉及的部分原始凭证，使经济业务发生情况和会计处理紧密联系，做到“教、学、做”相结合。

二、本教材是根据“医药营销”“医药物流”等专业初学者的实际情况组织编写的，首先必须介绍清楚国家财政部对会计核算的原则、基本方法和要求。在此基础上又根据专业的需要，增加了第五章货币资金核算，重点介绍同城、异地商品购、销过程中货款的结算方式以及款项结算中使用不同的结算凭证和注意事项。

三、本教材修订后突出体现了2008年1月1日最新颁布的《企业会计制度》的内容和要求，使会计的核算方法更加严谨和实用。基础理论部分讲解较详细，对初学者来说，通俗易懂，由浅入深。每章均有学习目的，重点、难点提示，便于教学和初学者使用。

本教材属会计学的入门教材，适用于医药类高等职业技术学院的市场营销专业、医药物流专业以及其他相关专业基础会计教学使用。通过本教材的学习，为进一步学习专业课奠定基础。

本教材由邱秀荣主编并统稿，参加编写的有邱秀荣、王变梅（编写第三章），李海蓉（编写第四章），姜娟（编写第一、二章），童燕（编写第五章），邓冬梅（编写第七、八、九章），刘京红（编写第六、十章）。本教材由山西财经大学会计学院院长李端生教授主审。

本教材在编写过程中，得到了学院领导及同仁的大力支持和帮助，在此一并表示深深的谢意。

由于时间仓促，编者经验有限，教材中难免有不足之处，敬请广大读者批评指正。

编者

2010年1月

目　录

第一章 总论

学习目标

了解会计的产生和发展历史、会计核算的基本前提以及会计核算的方法，掌握会计的含义、会计的基本职能以及会计核算的基本原则，为后续章节的学习奠定理论基础。

重点难点

会计的含义、会计的基本职能以及会计核算的信息质量要求。

第一节 会计概述

一、会计的产生和发展

会计是人类社会发展到一定历史阶段的产物。它起源于生产实践，又随着生产实践的发展而不断地变化着，并在实践中得到不断的完善。

在人类历史发展的最初阶段，即原始社会初期，人们只是单凭头脑的记忆来记录劳动消耗和劳动成果，这种方式在人类社会中经历了一个漫长的时期。随着生产活动的增多，人们开始利用简单的符号进行记录，如我国最早的结绳记事、简单刻记的出现，只是粗略的计量和记录行为，这种记录行为只是计算劳动成果、为劳动成果的分配服务。此时，它只作为生产过程中的一个附带职能而存在，没有形成一个独立的部门，这只是会计产生的雏形。到了原始社会末期，随着生产力的不断提高，剩余产品的大量出现，需要计量和记录的经济内容变得越来越多了，这时会计作为一个独立的职能部门就从生产职能中分离了出来。对生产过程中人力、物力和财力的耗费以及取得的成果做出必要的记录，以便更有效地组织生产和管理活动，此时会计就正式产生了。在进入资本主义社会以后，随着商品经济规模的不断扩大，生产力的不断发展，人们要求用尽量少的劳动获得尽量多的物质财富，为了适应人们的这一要求，会计也从简单的记录、计量，比较所得与所费的行为，逐步地发展和完善起来，成为一门包括有完整方法体系的会计学科。

由此可见，会计是随着社会生产的发展和经济管理的需要而产生、发展并不断完善的，会计方法经历了一个由低级向高级不断进步的过程。进入 20 世纪以来，特别是第二次世界大战以后，会计的职能又发生了新的变化，从原来单纯地记录、计量和报告，发展到对企业的经济活动全过程进行控制和监督，能够参与企业的经营决策和长期决策，为企业内部强化经营管理服务。

我国的会计发展经历了三次变革：第一次是在 19 世纪中叶，“西式”会计的进入，改革了我国以单式记账为主的中式簿记；第二次是在新中国建立后，那时的会计制度全面引进前苏联的会计模式，以适应当时高度的计划经济体制。但自从 1978 年改革开放之后，随着生产力的不断发展和经济管理的需要，原有的会计体系已远远不能适应新的市场经济发展需要，于是从 1993 年起，我国开始了第三次会计制度变革，陆续改革了原有的会计体系。

1993 年 7 月 1 日起，我国施行了新的《企业会计准则》，1997 年以后，又颁布了《企业具体会计准则》，特别是 2007 年底颁布的《企业会计制度》，彻底改变了原有的会计核算模式，使我国的会计制度更接近于国际惯例，更加科学合理，更加适合中国国情、与世界会计制度接轨。

从会计产生和发展的历史可以看出，会计是随着社会演变而不断发展和完善的，生产越发展、经济越繁荣，会计就越重要。会计是社会经济管理的一个不可缺少的工具，更是社会经济管理的一个重要组成部分。

二、会计的含义

会计的含义随着其在社会经济发展中所处的地位不同，也在不断地变化着。对于现代会计，我们赋予它一个丰富的内涵，可以表述为：会计是以货币为主要计量单位，采用一定的程序和一整套专门的方法，对企业、行政事业等单位的经济活动进行连续、系统、全面、综合地核算和监督，并向有关方面提供会计信息的一种经济管理活动。

会计的含义里诠释了会计具有以下几大特点。

① 会计以货币为主要计量单位。会计在计量过程中主要以货币（元、角、分等）为主要计量单位，来计量和记录各单位的经济活动过程，但在数量上进行核算时，往往还要结合运用一定的实物量度（千克、米、件等）和劳动量度（劳动日、工时等），这样，反映的经济业务活动的内容才能更全面、更准确。

② 会计采用一定的程序和一整套科学实用的专门方法。会计在不断发展的过程中，形成了一定的核算程序和一整套科学实用的专门方法，对各会计主体所发生的经济业务活动进行确认、计量、计算和报告，以提供相关信息。这些专门方法相互联系、相互配合，构成了一个完整的核算和监督经营活动过程及其结果的方法体系，是会计区别于其他经济管理的重要特征之一。

③ 会计核算具有连续、系统、全面、综合的性质。会计是按照经济活动发生的时间顺序，“从头到尾”不间断地连续、全面记录，系统、综合地反映，并定期进行归类整理，以便随时提供企业经营管理所需的各种资料。这是会计的基本要求。

④ 提供会计信息的一种经济管理活动。

⑤ 对经济活动进行核算和监督，这是会计的两个基本职能。

三、会计的基本职能

会计的职能就是会计在经济管理中所具有的功能，是会计本质的体现。它是随着会计的发展而不断发展和完善起来的。会计的职能表现在很多方面，但其基本职能主要体现在核算和监督两个方面。

（一）会计的核算职能

会计核算贯穿于整个经济活动的全过程。它是以货币为主要计量单位，对一定时期会计主体的经济活动进行确认、计量、计算和报告，为各相关方面提供会计信息，会计核算是会计工作的重要组成部分。

按照《中华人民共和国会计法》的规定，会计核算主要包括款项和有价证券的收付；财产的收发、增减和使用；债权债务的发生和结算；资本、基金的增减；收入、支出、费用成本的计算；财务成果的计算和处理以及其他会计事项的处理等。

（二）会计的监督职能

会计监督和会计核算一样，它贯穿于整个经济活动的全过程。它是以国家的财经政策、制度和财经纪律为主要依据，对所发生的经济业务的合理性、合法性以及安全性等进行评价，并据以施加限制和影响的过程。会计监督主要来自于两个方面，即各单位内部的会计监督和财政、审计、税务等相关部门的监督检查。

以上两个会计的基本职能关系十分密切，二者是相辅相成的。会计核算是会计监督的基础，而会计监督则是会计核算的保障。只有以正确的核算作基础，监督才能有真实可靠的依据；如果只有核算而没有监督，那么核算所提供的信息就有可能失真，从而影响到整个会计信息的质量，进而影响到会计在经济管理中的作用。

会计除了具有以上两个基本职能之外，还具有预测、决策以及控制、分析等职能。

第二节　会计对象与会计目标

一、会计对象

会计对象是会计工作的客体，也是会计核算和监督的内容，实行会计核算和监督的各企业、行政事业单位，则被称为会计主体。由于各个会计主体所进行的经济业务内容不尽相同，会计核算和监督的内容也就不能完全相同，它们各有其自身特点。但无论其经济业务如何不同，会计核算和监督又有其共同的对象，即社会再生产过程中能用货币表现的各种经济活动（或称为企业的资金运动）。由此可见，会计对象不是社会再生产过程中的全部经济活动，而是其中能够用货币表现的经济活动。

以下分别以工业企业、商品流通企业为例，说明会计对象在企业中的体现。

工业企业的流动资金以货币资金形态开始，经过依次转化为储备资金、生产资金、成品资金，再回到货币资金形态；固定资金随着固定资产的损耗程度，以折旧的形式逐渐地、部分地转化为生产资金，经过依次转化为成品资金、货币资金、补偿固定资金损耗，从销售收入中收回。通过对固定资产的更新改造，又回到固定资金。流动资金和固定资金的这种运动叫资金的循环。由于企业再生产过程的不断进行，所引起的连续不断的资金循环，叫资金的周转。工业企业资金周转如图 1-1 所示。

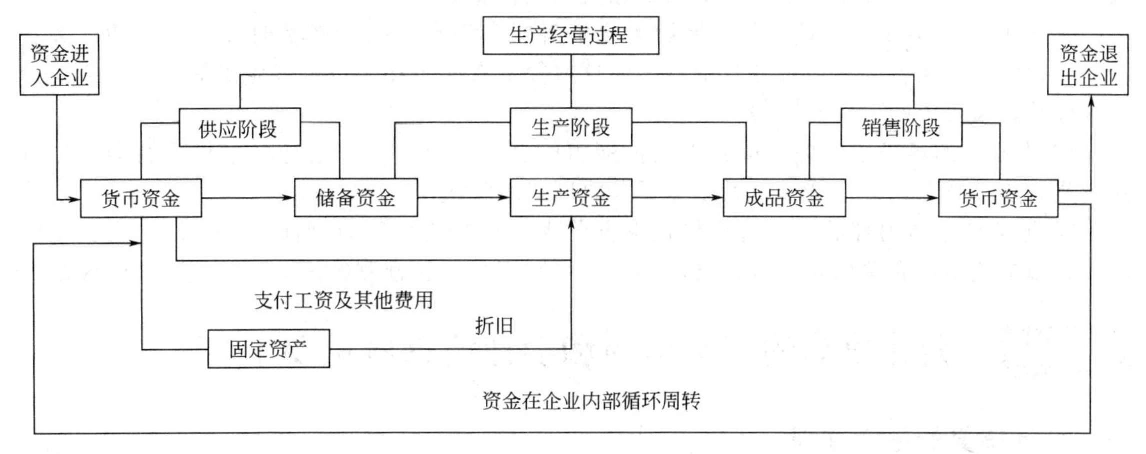

图 1-1　工业企业资金周转

商品流通企业是国民经济中组织商品交换和提供劳务的营利性经济组织，是在国家宏观指导下，实行自主经营、自负盈亏的经济实体，其经济活动主要是商品的购销活动。而企业在组织商品购销活动中，必须拥有一定数量的资金。

商品流通企业的再生产过程分为购进和销售两个阶段。在购进过程中，企业为了购进商品首先需要筹集资金，然后再用资金购进商品，这时需要支付各种货款、税金、运杂费、保险费、保管费等，与供应单位等发生货币结算业务，此时的资金由货币资金转化为商品资金。在销售过程中，企业将商品销售出去后，取得商品收入，并支付销售商品过程中所需的销售税金、运输费、包装费、广告宣传费等销售费用，同时商品销售要收回货款，这样又与购货方发生货币结算业务，此时的资金又由商品资金转化为增大的货币资金，由此来实现企业的利润并进行利润分配核算。所以，商品流通企业会计核算和监督的内容就是社会再生产过程中交换等环节的资金及其运动。

商品流通企业的资金周转，如图 1-2 所示。

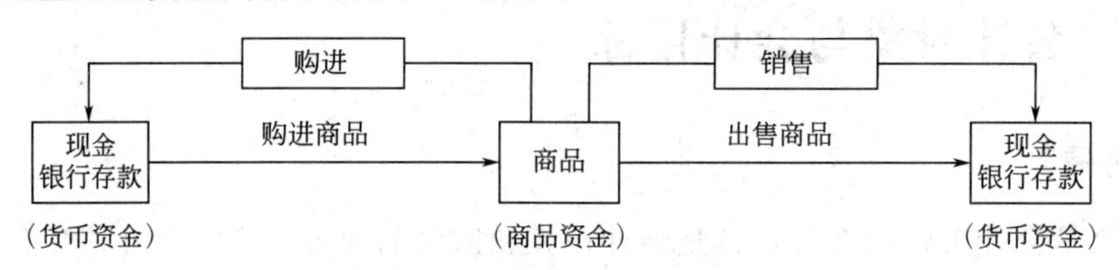

图 1-2　商品流通企业的资金周转

二、会计目标

会计目标是指在一定的客观环境和经济条件下，通过会计核算和监督所期望达到的结果，是会计工作的出发点和归属点。企业的一切管理工作都是围绕经济效益这个中心点来进行的，企业希望以最少的投入获得最大的收益。作为会计工作的目标当然也离不开这个中心点。因此会计的目标概括起来就是核算和监督每一个企业以尽可能少的资金耗费、尽可能低的资金占用，取得尽可能大的经济效益。

会计核算目标是通过提供真实、可靠、准确、有用的会计信息来提高企业经济效益这个总目标来实现的，具体主要表现在以下几个方面。

① 为国家宏观经济决策提供实用的会计信息。国家决定的相关政策、法规，如税收政策、信贷政策等，都离不开会计所提供的相关实用信息。

② 在现行的市场经济条件下，能够为投资者或者潜在的投资者及时提供单位的财务状况、经营成果以及盈利能力等会计信息，使这些投资者或潜在的投资者做出能否投资或继续投资以及转移投资的预测和决策。

③ 为相关的经济单位提供债务人偿债能力的会计信息。如，银行根据相关的会计信息决定是否给予贷款或继续贷款以及是否提前收回贷款等决定。

④ 为会计主体内部的经济管理提供财务收支、经营成果、盈利能力、变现能力、偿债能力、现金流量等有关信息，以使其能够合理地利用资源、预测经济前景、提高经济效益。

第三节　会计核算的基本前提和会计信息质量要求

一、会计核算的基本前提

会计核算的基本前提就是对会计核算中的一些重要因素，根据正常情况和客观需要，在空间范围内、在时间界限上、在计量方式上，所做的一些合乎情理的限制和规定。由于这些规定都是为了达到会计核算的目的而设立的，所以，又将其称为会计假设。没有会计假设，会计的核算工作就无从下手。会计核算的基本前提包括会计主体、持续经营、会计期间和货币计量四个方面。

（一）会计主体

会计主体是指会计工作为之服务的经济组织和责任实体，又称会计实体。凡是实行独立会计核算的单位，在会计上都假定为一个会计主体。会计主体规定了会计核算的空间范围，即会计核算是反映一个特定单位的经营活动。

（二）持续经营

持续经营是指会计主体的生产经营活动将无限期地延续下去，在可预见的未来，不会面临破产清算的状况。这一假设条件为解决会计核算中的财产计价和费用分配等问题提供了前提条件。当然企业作为一个独立核算主体，在现今的市场经济条件下，可能出现停业、兼并、破产等情况，但这种可能性不能作为我们会计核算的前提条件。如果能够判断出企业不能持续经营，面临合并、破产清算的时候，此时的会计核算要用另一套处理方法。

（三）会计期间

会计期间是指将会计主体持续不断的经营过程人为地划分为相等的时间阶段，即核算生产经营活动所规定的起讫时间。一般来讲，我国的会计年度是与公历年度相同的。我国新会计制度规定：会计核算应当划分会计期间、分期结算账目和编制财务会计报告。会计期间分为年度、半年度、季度和月度。这种分期的起讫日期采用公历制。

（四）货币计量

货币计量是指会计核算以货币作为主要的、统一的计量单位，并且假设货币本身的价值具有一定的稳定性。我国的《企业会计准则》规定："会计核算以人民币作为记账本位币。业务收支以外币为主的企业，也可以选择某种外币作为记账本位币，但是编制的会计报表应当折算为人民币。"我们是在假设币值比较稳定的前提下来进行会计核算的，实际上，货币本身的价值是在变动的，如果变动不大或前后波动可以互抵时，可以忽略这种变动，但在发生严重的通货膨胀时，就要采用特殊的方法来处理相关的会计事项。

在多种货币存在的前提下，会计主体要选定其中一种货币作为记账本位币。各国在选用记账本位币时，一般都首选本国货币。

二、会计信息质量要求

会计核算的目的是为了计算企业的财务状况和经营成果，从而向相关部门提供会计信息。为了规范会计核算行为，保证会计信息的真实可靠，必须明确会计核算的相关要求。

1. 可靠性

可靠性，又称真实性，是指会计核算应当以实际发生的交易或者事项为依据，如实反映企业的财务状况、经营成果和现金流量。

2. 实质重于形式

实质重于形式是指企业应当按照交易或者事项的经济实质进行会计核算，而不应当仅仅按照它们的法律形式作为会计核算的依据。

在会计核算中，可能会存在一些经济实质不符合法律形式的经济业务或会计事项。如融资租赁方式租入的固定资产，这个会计科目核算的内容与其法律限定就不完全相符。从法律形式看，所有权没有转移，承租人不能将其列入本会计主体的固定资产账户进行核算，但从经济实质来看，该项固定资产相关的收益和风险已属于承租人，因此承租人应将其列入固定资产账户进行核算，并对其计提折旧。这个原则更符合新的市场经济下的会计核算体制。

3. 相关性

相关性是指企业提供的会计信息应当能够反映企业的财务状况、经营成果和现金流量，以满足相关会计信息使用者的需要。企业、财政、银行、税务等相关单位对会计信息的不同需要，以便使会计信息更好地为相关部门服务。

4. 可比性

可比性是指企业的会计核算应当按照规定的会计处理方法进行，会计指标应当口径一致，相互可比。

可比性包括两个方面：一是纵向可比，即同一企业不同时期发生的相同或者相似的交易或事项，应当采用一致的会计政策，不得随意变更。确需变更的，应当在附注中说明。二是横向可比，即不同企业发生的相同或者相似的交易或事项，应当采用规定的会计政策，以保证会计信息口径一致，相互可比。

5. 重要性

重要性是指企业在会计核算过程中对交易或事项应当区别其重要程度，采用不同的核算方式。对资产、负债、损益等有较大影响，并进而影响财务会计报告使用者据以做出合理判断的重要会计事项，必须按照规定的会计方法和程序进行处理，并在财务会计报告中予以充分、准确地披露；对于次要的会计事项，在不影响会计信息真实性和不至于误导财务会计报告使用者做出正确判断的前提下，可适当简化处理。

6. 及时性

及时性是指企业的会计核算应当及时进行，不得提前或延后。

会计信息具有很强的时效性，因此会计核算工作中的记账、算账和报账，不可拖延和积压。及时性是保证会计信息质量、决定会计信息价值的关键。

7. 清晰性

清晰性原则要求企业的会计核算和编制的财务会计报告应当清晰明了，便于理解和利用。

会计信息使用者只有正确理解信息，才能有效地利用信息。因此，清晰性原则是影响会计信息质量的一个重要原则。

8. 谨慎性

谨慎性原则又称稳健性原则。这个原则要求企业在进行会计核算时，不得多计资产或收益、少计负债和费用，也不得计提秘密准备。

企业在会计核算中坚持谨慎性原则，就要充分估计到可能发生的风险和损失，合理核算可能发生的风险和费用。例如，应收账款计提坏账准备，固定资产采用加速折旧法等，都属于谨慎性原则的运用。如果某一项经济业务有多种处理方法可供选择，则应采取不导致夸大资产、虚增利润的方法。

三、会计核算基础

会计核算基础是指确定一个会计期间的收入和费用，从而确定损益的标准。会计核算基础有权责发生制和收付实现制。

权责发生制原则要求：企业的会计核算应该以权责发生制为基础。凡是当期已经实现的收入和已经发生或应当负担的费用，不论款项是否收付，都应当作为当期的收入和费用；凡是不属于当期的收入和费用，即使款项已在当期收付也不应当作为当期的收入和费用。

这种方法又被称为应收应付制，主要是根据权责关系实际发生和影响期间来确认企业的费用和收益，能正确划分并确定各会计期间的经营成果。例如，当期销售商品所得到的收入就是当期的收入，而预收的商品销售收入就不属于当期的收入；当期所发生的工资费用尽管当期没有发放，也被视为企业的当期费用，而预付的保险费则不属于当期的费用。权责发生制是与收付实现制相对应的一个原则。所谓收付实现制就是以实际收到或者付出的款项作为当期的收入和费用处理。前者适用于企业的会计核算，后者适用于行政事业单位的会计核算。我国《企业会计准则》和新《企业会计制度》规定，企业的会计核算应该采用权责发生制的原则。

第四节　会计核算方法

一、会计方法

会计方法是用来核算和监督会计对象，实现会计目标的方式和手段。会计方法主要包括会计核算方法、会计分析方法、会计检查方法、会计预测方法、会计控制方法、会计决策方法等。以上各方法相互联系、相互制约，密切配合形成一个完整、科学的方法体系。会计的每一类方法又都由一系列方法组成，其中会计核算方法是会计方法体系的基础，是本书主要讲述的内容。

二、会计核算方法

会计核算方法是会计最基本、最主要的方法。它是对各单位经济业务活动进行连续、系统、全面的记录、计算和报告，为经营管理活动提供必要信息所采用的方法。会计核算方法主要包括以下七种方法（各种方法将在以后各章节陆续介绍）。

（1）设置账户　设置账户是指对会计对象要素的具体内容进行归类、核算和监督的一种专门方法。

（2）复式记账　复式记账是对发生的每一项经济业务，都以相等的金额，同时在两个或两个以上相互联系的账户中进行登记的一种专门方法。

（3）填制和审核会计凭证　会计对经济业务的核算是以会计凭证为依据的。会计凭证是记录经济业务、明确经济责任的书面证明，是记录账簿的依据。填制和审核会计凭证是为了保证经济业务的记录完整、可靠，审查经济业务是否合理合法而采用的一种专门方法。

（4）登记账簿　登记账簿就是根据审核无误的会计凭证，采用复式记账方法，把发生的经济业务分门别类地登记到相关账簿中的一种专门方法。

（5）成本计算　成本计算是按照一定的成本对象，对生产经营活动中所发生的成本、费用进行归集，借以确定各对象的实际总成本和单位成本的一种专门方法。

（6）财产清查　财产清查是通过对现金和实物进行实地盘点，对银行存款和其他往来款项的核对，借以确定实存数额与账存数额是否相符的一种专门方法。

（7）编制会计报表　会计报表是会计工作的最终产品，它反映和说明的重点是单位已经发生、可用货币计量的各类财务信息。会计报表是根据账簿记录，按照规定的表格内容，集中反映各单位在某一日期或某一期间经济活动和结果的一种专门方法。

以上七种会计核算方法相互衔接、紧密结合，共同构成了一个完整的会计核算方法体系。在实际工作中，对经济业务进行会计核算时，其实质是以上七种会计核算方法的有机结合。

【学习检测】

一、问答题

1. 什么是会计？

2. 会计的基本职能包括哪些？

3. 什么是权责发生制原则?

4. 会计核算有哪些专门的方法?

二、选择题

(一) 单项选择题

1. 会计核算的主要计量单位是（　　）。

A. 劳动量度　　B. 实物量度　　C. 时间量度　　D. 货币量度

2. 会计的对象是社会再生产过程中能用货币表现的（　　）。

A. 各种活动　　B. 各种经济活动　　C. 各种社会活动　　D. 各种有益活动

3. 在会计核算的一般原则中，要求企业采用的会计核算方法前后各期保持一致，不得随意更改的原则是（　　）。

A. 及时性原则　　B. 可比性原则　　C. 相关性原则　　D. 重要性原则

4. 在会计核算的一般原则中，要求企业充分估计到可能发生的风险和损失，合理核算可能发生的风险和费用的原则是（　　）。

A. 可比性原则　　B. 明晰性原则　　C. 谨慎性原则　　D. 重要性原则

5. 会计的主要方法包括（　　）。

A. 会计核算方法　　B. 会计分析方法　　C. 会计预测方法　　D. 会计决策方法

(二) 多项选择题

1. 会计核算的基本职能主要包括（　　）。

A. 核算职能　　B. 预测职能　　C. 监督职能

D. 参与职能　　E. 协调职能

2. 我国新《企业会计制度》规定，企业的会计期间划分为（　　）。

A. 年度　　B. 季度　　C. 月度

D. 半年度　　E. 旬

3. 按照权责发生制原则要求，以下内容能够在当期确定为费用的是（　　）。

A. 预付下半年的报纸杂志费　　B. 支付本月的广告费

C. 预付下半年的财产保险费　　D. 支付本月的银行存款利息

E. 支付当期职工的工资

4. 按照权责发生制原则，以下内容能够在当期确定为收入的是（　　）。

A. 预收商品销售货款　　B. 商品销售，收回款项

C. 商品销售，款项尚未收回　　D. 商品代销，货已发出

E. 代销商品收回货款

5. 以下属于会计核算方法的是（　　）。

A. 设置账户和复式记账　　B. 填制和审核会计凭证

C. 登记账簿　　D. 财产清查

E. 编制会计报表

三、判断题

1. 会计核算是以货币为计量单位。（　　）

2. 会计的职能是核算职能和监督职能。（　　）

3. 会计对象是指各企事业单位和国家行政机关中能用货币表现的各种经济活动。（　　）

4. 按照权责发生制原则，企业当期所收到的款项不一定就列为企业当期的收入。（　　）

5. 历史成本原则要求，企业的各项财产在取得时，应该按照实际成本计价。（　　）

第二章

账户和复式记账

学习目标

了解和掌握会计的六大要素、会计的平衡等式、会计科目的内容、账户的基本结构以及借贷记账法的原理及基本要求。

重点难点

会计要素、会计平衡等式、借贷记账法原理及应用。

第一节 会计要素

会计要素是会计核算对象的具体化，是设置账户、会计确认、计量和记录的基础，是构成会计报表的基本框架。一般情况下，营利性组织（企业——公司、工厂、商店等）的会计要素包括资产、负债、所有者权益、收入、费用和利润六个方面。

一、资产

资产是指过去的交易、事项形成并由企业拥有或者控制的能以货币计量的经济资源，该资源预期会给企业带来经济利益。企业的资产按其流动性可以分为流动资产和非流动资产。

1. 流动资产

流动资产是指可以在1年或者超过1年的一个营业周期内变现或耗用的资产，主要包括现金、银行存款、交易性金融资产、应收及预付款项、存货等。

2. 非流动资产

非流动资产是指企业持有的可以在1年或者超过1年的一个营业周期以上变现或耗用的资产，主要包括长期股权投资、固定资产、无形资产和长期待摊费用等。

（1）固定资产　是指企业为生产商品、提供劳务、出租或经营管理而持有的，且使用期限超过1个会计年度的房屋等建筑物、机器、机械、运输工具以及其他与生产经营有关的设备、器具、工具等。

（2）无形资产　是指企业持有的、没有实物形态的非货币性长期资产。无形资产包括专利权、非专有技术、商标权、著作权、土地使用权等。

（3）长期待摊费用　是指企业已经发生但应由本期和以后各期负担的分摊期限在一年以上的各项费用，如以经营方式租入的固定资产发生的改良支出等。

二、负债

负债是指过去的交易、事项形成的，预期会导致经济利益流出企业的现时义务。企业的负债按其流动性，可以分为流动负债和长期负债。

（1）流动负债　流动负债是指将在1年（含1年）或者超过1年的一个营业周期内偿还

的债务。包括短期借款、应付票据、应付账款、预收账款、应付职工薪酬、应付股利、应交税费、其他暂收应付款项和1年内到期的长期借款等。

（2）长期负债　长期负债是指偿还期在1年或者超过1年的一个营业周期以上的负债。包括长期借款、应付债券、长期应付款等。

三、所有者权益

所有者权益是指所有者在企业资产中享有的经济利益，其金额为资产减去负债后的余额。所有者权益包括实收资本（或者股本）、资本公积、盈余公积和未分配利润等。

（1）实收资本　是指投资者按照企业章程，或合同、协议的约定，实际投入企业的资本。

（2）资本公积　是指投资者投入但不能作为实收资本或从其他来源取得，而由所有者享有的资金。包括资本（股本）溢价、接受捐赠资产、拨款转入、外币资本折算差额等。

（3）盈余公积　是指企业按照国家的有关规定从净利润中提取的公积金。一般企业和股份有限公司的盈余公积包括法定盈余公积、任意盈余公积。

（4）未分配利润　是指企业对净利润进行分配之后剩余的、留待以后年度进行分配的利润。

四、收入

收入是指企业在销售商品、提供劳务及让渡资产使用权等日常活动中所形成的经济利益的总流入。包括主营业务收入和其他业务收入。收入不包括为第三方或者客户代收的款项。

（1）主营业务收入　是指企业从事主要经营活动所取得的收入。如工业企业销售产品的收入、商品流通企业销售商品的收入、运输企业的营运收入等。

（2）其他业务收入　是指企业除主要经营活动以外所从事的其他业务活动所取得的收入。如企业销售材料、出租设备、转让技术、出租包装物等所取得的收入。

五、费用

费用是指企业为销售商品、提供劳务等日常活动所发生的经济利益的流出。把费用按照一定对象予以归集和分配就形成了成本，成本即是对象化了的费用。因此，成本是指企业为生产产品、提供劳务而发生的各种耗费。费用通常分为生产成本和期间费用。

（1）生产成本　包括直接为生产商品和提供劳务等所发生的直接人工、直接材料和其他直接费用等直接生产经营成本，以及需按一定标准计入生产经营成本的为生产商品和提供劳务而发生的各种间接费用。

（2）期间费用　是指本期发生的直接计入当期损益的费用。主要包括管理费用、财务费用和销售费用。

六、利润

利润是指企业在一定会计期间的经营成果。企业的利润分别以营业利润、利润总额和净利润三个指标来反映。

（1）营业利润　是指营业收入减去营业成本和营业税金及附加，减去管理费用、销售费用和财务费用后的金额加上投资收益。

（2）利润总额　是指营业利润加上营业外收入，减去营业外支出后的净额。

（3）净利润　是指利润总额减去所得税费用后的净额。

第二节 会计等式

会计等式又称为会计方程式或会计平衡等式，它揭示了各会计要素之间的联系和基本的数量关系，是设置账户、复式记账、试算平衡及编制会计报表的理论依据，是会计基本理论的重要内容。

一、资产、负债、所有者权益之间的平衡关系

企业为了从事正常的生产经营活动、获取收益，就必须拥有一定数量的资产，而企业的每一项资产均有其来源，企业资产最初来源主要是投资者的投入和债权人的借入，投资人和债权人作为企业资产的提供者，对该企业的资产享有要求权，这种要求权在会计上总称为权益。其中属于所有者的部分称为所有者权益；属于债权人的部分称为债权人权益，通常又称为负债。资产和权益是企业同一资金的两个方面，资产表明企业拥有或控制了什么样的经济资源以及拥有多少经济资源，权益则表明是谁提供了这些经济资源，谁对这些经济资源拥有要求权。由此可见，资产和权益之间存在着相互依存的关系，没有资产就没有权益，同样，企业所拥有的资产不能脱离权益而存在。从数量上看，企业有一定数额的资产就必然有一定数额的权益相对应；反之，有一定数额的权益就有一定数额的资产相对应，也就是资产总额和权益总额必然相等，这种等价关系可用下列等式表示：

资产＝权益

或资产＝负债＋所有者权益

这一等式就是会计基本等式，又称会计恒等式。

这个会计基本等式直接反映了资产、负债、所有者权益这三个会计要素之间的内在联系和基本数量关系，它是设置账户、复式记账、试算平衡、设计和编制资产负债表的理论依据。

二、收入、费用、利润之间的平衡关系

企业生产经营的目的是为了利用各种经济资源尽可能多地去获取经济利益，即是为了最大限度地取得利润。企业资产的运用，不可避免地要发生各种耗费，同时也会取得一定的收入。费用是为了取得收入而发生的劳动耗费；收入则表示发生相应费用所带来的结果。当营业收入大于费用时，企业盈利，反之则亏损。

收入、费用和利润三个会计要素之间是一种平衡的经济关系，可用下列等式表示：

收入－费用＝利润　（“－”为亏损）

这一会计等式反映企业在某一时期的经营成果。它是企业确认经营成果、设计和编制利润表的理论依据。

以上资产、负债和所有者权益的平衡等式是最基本的会计等式，它反映的是企业资金运动的静态状况，说明了企业在某一特定日期的财务状况；而收入、费用和利润的平衡关系是基本等式的运动结果，它反映了企业资金运动的变动状况，说明了企业在某一会计期间的经营成果。

收入会引起企业资产的增加或负债的减少；费用会引起企业资产的减少或负债的增加；某一时期企业产生的利润势必导致所有者权益增加；反之某一时期企业发生的亏损也会导致所有者权益减少。因此，企业资产、负债、所有者权益、收入、费用和利润之间的数量关系存在着一种内在的有机联系，这种关系可用下列公式表述：

资产＝负债＋所有者权益＋（收入－费用）

或　　资产＝负债＋所有者权益＋利润（－亏损）

这个等式没有破坏会计基本等式的平衡关系，是等式（资产＝权益）的一个扩展，它把企业的财务状况和经营成果有机地联系起来，说明了企业经营成果对资产和所有者权益所产生的影响。

三、经济业务的发生对会计等式的影响

企业生产经营过程中所发生的能以货币计量的，并能引起会计要素发生增减变化的事项，在会计术语中称为经济业务，或叫做会计事项。企业经济业务是纷繁复杂、多种多样的，各项经济业务发生后，都会引起相关会计要素发生增减变化，但无论会计要素如何变化，都不会破坏上述会计基本等式的平衡关系。经济业务发生，引起各会计要素增减变化有以下四种类型。现予以举例进行说明。

鹏通公司 2009 年 12 月 31 日的资产、负债和所有者权益状况部分如表 2-1 所示。

表 2-1　鹏通公司资产、负债和所有者权益状况（部分）

2009 年 12 月 31 日　　单位：元

资　产	金　额	负债及所有者权益	金　额
库存现金	2500	短期借款	30000
银行存款	50000	应付账款	60000
应收账款	24000	应交税费	1000
库存商品	121500	实收资本	247000
固定资产	150000	资本公积	10000
合计	348000	合计	348000

该公司 2010 年 1 月发生下列部分经济业务。

① 经济业务发生，引起资产项目之间此增彼减，增减金额相等。

【例 2-1】 1 月 3 日，企业从银行提取现金 5000 元备用。

这项经济业务的发生，一方面，使企业的银行存款减少了 5000 元；另一方面，使企业的库存备用现金增加了 5000 元。银行存款和现金都属于资产类要素，二者一增一减，增减金额相等，此时企业资产总额没有发生变化，因此，资产、负债和所有者权益的平衡关系依然存在。

② 经济业务发生，引起权益项目之间此增彼减，增减金额相等。

【例 2-2】 1 月 9 日，企业向银行借入三个月到期的借款 50000 元，直接偿还应付账款。

这项经济业务的发生，一方面，使企业的银行短期借款增加 50000 元；另一方面，使企业的应付账款减少 50000 元。短期借款和应付账款都属于负债类要素，二者一增一减，增减金额相等，此时企业权益总额没有发生变化，因此，资产、负债和所有者权益之间的平衡关系仍然存在。

③ 经济业务发生，引起资产项目和权益项目同时增加，增加金额相等。

【例 2-3】 1 月 15 日，企业收到投资人投入的全新机器设备一台，价值 50000 元。

这项经济业务的发生，一方面，使企业的固定资产增加了 50000 元；另一方面，使企业的实收资本也增加了 50000 元。固定资产属于资产类要素，而实收资本属于所有者权益类要素，二者同时增加的结果，使资产总合计数和权益总合计数同时增加了 50000 元，即由原来的 348000 元，增加到 398000 元，此时，原有的资产、负债和所有者权益的平衡关系仍然存在。

④ 经济业务发生，引起资产项目和权益项目同时减少，减少金额相等。

【例 2-4】 1 月 20 日，企业用银行存款 30000 元，归还期限为 5 个月的银行借款。

这项经济业务的发生，一方面，使企业的银行存款减少了30000元；另一方面，也使企业的银行短期借款减少了30000元。银行存款属于资产类要素，而短期借款属于负债类要素，二者同时减少，使资产总合计数和权益总合计数同时减少了30000元，即由原来的398000元减少到368000元，此时，原有的资产、负债和所有者权益的平衡关系仍然存在。

以上4种变化使表2-1发生的变化见表2-2。

表2-2 鹏通公司资产、负债和所有者权益变化后状况（部分）

2010年1月16日　　单位：元

资　产	金　额	负债及所有者权益	金　额
库存现金	2500＋5000	短期借款	30000＋50000－30000
银行存款	50000－5000－30000	应付账款	60000－50000
应收账款	24000	应交税费	1000
库存商品	121500	实收资本	247000＋50000
固定资产	150000＋50000	资本公积	10000
合计	348000＋20000	合计	348000＋20000

以上4项经济业务具有典型性，企业发生的经济业务无论怎样变化，都离不开这4种类型，更不会破坏资产和权益的平衡关系。它揭示了企业各会计要素之间变化的规律性。

第三节 会计科目和账户

会计工作的首要任务是正确地记录经济业务内容，如实地反映经济业务情况，为企业的经济管理工作提供必要、系统的核算资料和信息。而这些资料都需要通过各种各样的账户去反映。因此，设置账户是会计工作的一个主要环节。而账户又是根据会计科目开设的，为此，确立会计科目是设立账户之前的必备工作。

一、会计科目

（一）会计科目的意义

会计科目就是对会计对象的具体内容进行分类核算的项目。它是设置账户和处理账务的依据，同时也是正确组织会计核算的一个重要条件。

为了全面、系统地反映和监督会计要素的增减变化情况，需要对会计所反映和监督的内容进行科学的分类。例如，企业通过设置“库存现金”、“银行存款”、“库存商品”、“固定资产”等会计科目来反映和监督各项资产的增减变动情况；通过设置“短期借款”、“应付账款”、“实收资本”、“资本公积”等会计科目来反映和监督各项权益的增减变动情况；通过设置“主营业务收入”、“主营业务成本”、“本年利润”、“利润分配”等会计科目来反映和监督收入、费用和利润的增减变动情况。各企业会计科目具体核算和监督的内容是根据会计制度的规定设置的。

（二）会计科目设置原则

确定会计科目是进行会计核算的起点。合理地设置和使用会计科目，对于加强会计信息的准确度、提高会计工作效率，加强企业管理具有十分重要的作用。因此，在设置会计科目时，必须充分考虑各方面对会计信息的不同需求，考虑企业自身的实际状况。

一般情况下，会计科目设置应当遵循以下几个原则。

① 会计科目的设置，必须结合会计要素的特点。

设置会计科目，必须对会计要素的具体内容进行科学分类，以便分门别类地反映和监督各项经济业务，为加强经济管理提供必要的指标。因此，各单位应结合本单位会计要素的特点来确定应设置的会计科目。例如，工业企业的主要经济活动是制造工业产品，因而必须设置反映生产耗费和生产成果的会计科目；商业企业的主要经济活动是组织商品流通，因而必须设置反映商品采购、商品销售等各环节发生的相关费用的会计科目等。

② 会计科目的设置，必须符合经营管理的需要。

会计工作是经济管理的一种活动，会计科目的设置必须满足经济管理的要求。各单位、各行业经济活动的性质、特点不同，因而经济管理的要求和方法也不一致，从而会计科目的设置也不尽相同。会计科目的设置除了应满足内部管理需要外，同时也要满足国家宏观经济管理的要求和外部有关各方了解企业财务状况和经营成果的需要。

③ 会计科目的设置，既要有统一性，又要有灵活性。

为了保证会计核算指标在各部门内口径一致，便于逐级汇总和分析利用，我国各企业所使用的会计科目，是由财政部规定的。会计科目的名称和核算内容、会计科目表以及会计科目使用说明等都有严格的确认和规定。因此，各企业应按照规定设置和使用会计科目。在保证提供统一核算指标的前提下，企业可根据具体情况和经济管理的需要，自行增设、减少或者合并某些会计科目。

④ 会计科目的设置，既要含义明确、通俗易懂，又要保持相对稳定。

为了便于在会计实际工作中正确无误地运用会计科目，每个会计科目的含义一定要简明适用、通俗易懂。每个会计科目都有特定的核算内容，为了便于不同时期比较分析会计核算指标和在一定范围内综合汇总核算指标，会计科目的设置也应该保持相对稳定，不能经常变动，这样才会使会计核算指标具有一定的可比性。

（三）会计科目表

我国会计科目及其核算内容都是由财政部统一规定的，具体见表 2-3。

（四）会计科目的分类

以上摘要的各会计科目虽然有其各自不同的核算内容和核算标准，但每个会计科目都不是孤立存在的，彼此之间相互联系、相互补充，构成了一个完整的会计科目体系。为了正确地掌握和运用会计科目，现将会计科目按照不同的标准进行分类。

1. 会计科目按照经济内容分类

会计科目按照经济内容进行分类是会计科目基本的分类方式。从上述会计科目表中可以看出，企业的会计科目按照反映经济内容的不同可以划分成六大类：即资产类科目、负债类科目、共同类科目、所有者权益类科目、成本类科目和损益类科目。各类型科目所包含的会计科目具体见表 2-3。

2. 会计科目按照其提供指标的详细程度分类

（1）总分类科目　又称“总账科目”或“一级科目”，它是对会计对象具体内容进行总括分类的科目，如“库存商品”、“固定资产”、“应收账款”等会计科目。

（2）明细分类科目　又称“明细科目”，它是对总分类科目所属经济内容作进一步分类的科目。明细分类科目与总分类科目的性质相同。如“固定资产”为总分类科目，“机器设备”、“运输设备”等则属于明细分类科目，且它们同为资产性质科目。为了适应核算工作的需要，在总账科目下设置明细科目较多的时候，还可在总账科目和明细科目之间增设子目（也称二级科目），子目是介于总账科目和明细科目之间的科目。在实际工作中，我们将子目和细目统称为明细科目。

表 2-3　企业会计科目表（简表）

编　号	会计科目名称
一、资产类	
1001	库存现金
1002	银行存款
1012	其他货币资金
1101	交易性金融资产
1121	应收票据
1122	应收账款
1123	预付账款
1131	应收股利
1132	应收利息
1221	其他应收款
1231	坏账准备
1402	在途物资
1403	原材料
1404	材料成本差异
1405	库存商品
1511	长期股权投资
1512	长期股权投资减值准备
1531	长期应收款
1601	固定资产
1602	累计折旧
1603	固定资产减值准备
1604	在建工程
1605	工程物资
1606	固定资产清理
1701	无形资产
1702	累计摊销
1703	无形资产减值准备
1711	商誉
1801	长期待摊费用
1811	递延所得税资产
1901	待处理财产损益
二、负债类	
2001	短期借款
2101	交易性金融负债
2201	应付票据
2202	应付账款
2203	预收账款
2211	应付职工薪酬
2221	应交税费
2231	应付利息
2232	应付股利
2241	其他应付款
2501	长期借款
2502	应付债券
2701	长期应付款
2801	预计负债
2901	递延所得税负债
三、共同类	
3101	衍生工具
3201	套期工具
四、所有者权益类	
4001	实收资本
4002	资本公积
4101	盈余公积
4103	本年利润
4104	利润分配
五、成本类	
5001	生产成本
5101	制造费用
六、损益类	
6001	主营业务收入
6051	其他业务收入
6101	公允价值变动损益
6111	投资收益
6301	营业外收入
6401	主营业务成本
6402	其他业务成本
6403	营业税金及附加
6601	销售费用
6602	管理费用
6603	财务费用
6701	资产减值损失
6711	营业外支出
6801	所得税费用
6901	以前年度损益调整

注：会计科目表统一规定了会计科目的编号，以便于会计人员编制会计凭证、登记账簿、查阅账目，更便于实行会计电算化。各企业不能随意改变或打乱重编。在填写会计科目名称的同时，可以填列会计科目的编号，但不得只填科目编号，不填科目名称。

在实际工作中，一般只规定一级会计科目和部分二级会计科目，至于其他的会计科目，企业可根据实际需要自行设置。当然不是所有总分类科目都设置明细分类科目，有些总分类科目不需要设置明细分类科目，如“库存现金”、“本年利润”等。

现举例说明会计科目按其所提供信息的详细程度分类，如表2-4所示。

表2-4 会计科目按其所提供信息详细程度分类

<table>
<tr><th rowspan="2">总分类科目
(一级科目)</th><th colspan="2">明细分类科目</th></tr>
<tr><th>二级科目(子目)</th><th>明细科目(细目)</th></tr>
<tr><td rowspan="4">库存商品
借方余额:800万元</td><td rowspan="2">中药
借方余额:260万元</td><td>枸杞子(余额110万)</td></tr>
<tr><td>黄芪(余额150万)</td></tr>
<tr><td rowspan="2">西药
借方余额:540万元</td><td>阿莫西林胶囊(余额260万)</td></tr>
<tr><td>罗红霉素胶囊(余额280万)</td></tr>
<tr><td rowspan="3">应付账款
贷方余额:330万元</td><td colspan="2">恒泰公司(余额90万)</td></tr>
<tr><td colspan="2">创建制药厂(余额80万)</td></tr>
<tr><td colspan="2">康维制药厂(余额160万)</td></tr>
</table>

二、账户

(一) 账户的意义

由以上分析可以看出，会计科目只是规定了会计对象具体内容的类别名称，不能具体地进行会计核算。而企业的资产、负债、所有者权益随着经济业务的发生而不断地发展变化着，此时为了连续、系统、全面地记录由于经济业务的发生而引起会计要素增减变化情况，提供各种相关的会计信息，企业必须根据相关的会计科目在账簿中开设账户。

账户是根据会计科目名称开立的户头，具有一定的格式和结构，在账页上分类、连续、系统地记录各项经济业务，反映会计要素增减变化及其结果的一种会计核算专门方法。

总之，根据会计科目开设账户，各账户之间既有联系，又有区别，形成了一个完整的账户体系。科学地设置和运用账户便于企业的日常核算和监督，为定期编制会计报表提供相应的资料，同时也为企业的经济管理提供相关的会计信息。

(二) 账户的基本结构

设置账户的主要目的是为了分门别类地记录各会计要素的增减变化及其结果，而各会计要素的增减变化从数量上看，不外乎是增加和减少两种情况。因此，账户中应反映出增加和减少两个部分，同时，为了反映增减变动的最终结果，账户中应该反映出结余部分。账户除了具有这三个部分外，还应该根据实际需要再划分若干栏目，用以登记有关资料。一般情况下，账户的设计格式应包含以下内容：

① 账户的名称（即会计科目）；

② 日期和凭证号数（用以说明账户记录的日期及来源）；

③ 摘要（简要说明经济业务的内容）；

④ 借方金额栏、贷方金额栏及余额栏。

账户的一般格式如表2-5所示。

表2-5 账户名称（会计科目）

<table>
<tr><th colspan="2">年</th><th colspan="2">凭证</th><th rowspan="2">摘　要</th><th rowspan="2">借方金额</th><th rowspan="2">贷方金额</th><th rowspan="2">余　额</th></tr>
<tr><th>月</th><th>日</th><th>字</th><th>号</th></tr>
<tr><td></td><td></td><td></td><td></td><td></td><td></td><td></td><td></td></tr>
<tr><td></td><td></td><td></td><td></td><td></td><td></td><td></td><td></td></tr>
</table>

为了方便地说明问题，在教学中往往使用账户的简化形式“T”字账户，如表2-6所示。

表 2-6 "T"字账户

左方（借方）	账户名称（会计科目）	右方（贷方）

一般在账户中所记录的金额可以分为；期初余额、本期增加额、本期减少额和期末余额。

其中，本期增加额和本期减少额是指在一定会计期间内（如月份、季度、年度等），账户在左右两方分别登记的增加金额合计和减少金额合计，也称为本期增加发生额和本期减少发生额；本期期末余额即为本期增加发生额和本期减少发生额相抵后的差额，而期初余额则是将本期的期末余额转入下一期期初时的余额。上述四项金额的关系可以用下列公式来表示：

本期期末余额＝期初余额＋本期增加发生额－本期减少发生额。

至于账户的左右两方中，哪一方登记增加数，哪一方登记减少数，则取决于所采用的记账方法和所记录的经济业务内容。

三、会计科目与账户的关系

会计科目和账户是两个不同的概念，二者既有联系又有区别。

会计科目与账户的联系是：会计科目和账户都是按照相同的经济内容来设置的，账户是根据会计科目开设的，会计科目的名称就是账户的名称，会计科目所规定的核算内容就是账户记录和反映的经济内容。

会计科目与账户的区别是：会计科目是按照经济内容对会计要素的具体内容进行分类的项目名称，不存在结构问题，而账户则是在会计科目分类的基础上，对经济业务进行全面、连续、系统地记录。因此，账户不仅要有反映的内容，还必须具有一定的结构，这样才能记录某项经济业务的增减变动情况及其结果。

第四节 复式记账法

一、复式记账法概述

（一）复式记账法的概念

所谓复式记账法，就是指对发生的每项经济业务，都以相等的金额，同时在两个或两个以上相互联系的账户中进行登记的一种记账方法。例如，企业从银行提取现金 3000 元备用，这项经济业务的发生，一方面使库存现金增加了 3000 元，另一方面使银行存款减少了 3000 元。采用复式记账方法，在记录经济业务时，应以相等的金额在"库存现金"和"银行存款"这两个相互联系的账户中进行登记，即"库存现金"账户登记增加 3000 元的同时，"银行存款"账户登记减少 3000 元。

采用复式记账法，不仅可以反映经济业务的来龙去脉，而且通过对账户完整、系统地记录还可以反映经济活动的过程和结果；同时，由于对每项经济业务都以相等的金额在两个或两个以上相互联系的账户中进行记录，使得账户之间在数字上客观地产生了一种相互核对、相互平衡的关系，用以检查账户记录的正确性。

（二）复式记账法的种类

复式记账法是人们在长期的生产实践中总结出来的，是一种比较科学的记账方法。按照记账符号、账户结构、记账规则和试算平衡方法不同，我国采用的复式记账法可以分为借贷记账法、增减记账法和收付记账法。改革开放之前，我国的工业企业主要采用借贷记账法，商品流通企业主要采用增减记账法，农业部门和国家预算部门主要采用收付记账法。改革开放以后，为了适应我国市场经济发展的需要，为了适应进入 WTO 的需要，财政部于 2007 年 12 月发布了《企业会计准则》，明确规定了"企业会计记账采用借贷记账法"。

二、借贷记账法

借贷记账法是以借、贷两字作为记账符号的一种复式记账方法。其基本内容包括记账符号、账户结构、记账规则和试算平衡。

（一）记账符号

借贷记账法以"借"和"贷"作为记账符号。这个记账符号只是用来表明账户的记账方向。在不同性质的账户中，同是"借方"或"贷方"，所反映的经济内容是不同的。

（二）借贷记账法的账户结构

在本章的第三节，已经简单介绍了一般账户的基本结构和内容，并指出由于记账方法不同，账户的结构也不同。在借贷记账法下，账户的左方被规定为"借方"，账户的右方被规定为"贷方"，任何账户都有借贷两方，这就是借贷记账法下账户的基本结构，用"T"字形账户表示，见表 2-7。

表 2-7 借贷记账法下的"T"字形账户

借方	账户名称（会计科目）	贷方

在借贷记账法下，所有账户都分为借贷两方，其中账户的一方登记增加金额，另一方登记减少金额。至于账户的借贷两方，哪一方登记增加额，哪一方登记减少额，要根据账户的性质来确定。以下就不同性质的账户结构，分别予以说明。

1. 资产和权益类账户的结构和格式

根据会计基本等式的平衡关系，资产增加的同时，负债和所有者权益必须增加，资产的余额在账户的借方，负债和所有者权益的余额一定在账户的贷方，同样，在资产增加额登记在账户借方，减少额登记在账户贷方的同时，负债和所有者权益增加额应该登记在贷方，减少额应该登记在借方。具体见表 2-8 和表 2-9。

表 2-8 资产类账户

借方	账户名称	贷方
期初余额 本期增加额		本期减少额
本期发生额		本期发生额
期末余额		

表 2-9 负债及所有者权益类账户

借方	账户名称	贷方
本期减少额		期初余额 本期增加额
本期发生额		本期发生额
		期末余额

2. 收入和成本费用类账户的结构和格式

收入类账户的结构与所有者权益类账户的结构相似。企业所取得的收入可看作是所有者权益的增加。但这个账户的期末无余额，期末时，要将本期收入增加额减去本期收入减少额的差额，通过账户的借方转入"本年利润"的贷方。同样，成本费用类账户的结构与所有者权益类账户的结构正好相反，企业发生费用，会使所有者权益减少，所以费用的增加可看作是所有者权益减少，这个账户期末无余额，期末时要将费用账户余额转入“本年利润”账户的借方。具体见表 2-10 和表 2-11。

表 2-10　收入类账户

账户名称

借方	贷方
本期收入减少额 转出额	本期收入增加额

表 2-11　费用类账户

账户名称

借方	贷方
本期费用增加额	本期费用减少额 转出额

综上所述，借贷记账法下，各类账户的结构可具体归纳如表 2-12 所示。

表 2-12　各类账户的结构

账户名称

借方	贷方
资产增加 负债减少 所有者权益减少 收入减少 成本费用增加	资产减少 负债增加 所有者权益增加 收入增加 成本费用减少

（三）记账规则

记账规则是指运用记账方法记录经济业务时应当遵守的规律。借贷记账法是以“有借必有贷，借贷必相等”作为记账规则。对于发生的每项经济业务，在记入一个账户借方的同时，要记入另一个或几个账户的贷方；或者在记入一个账户贷方的同时，要记入另一个或几个账户的借方，并且记入账户借方的金额一定要等于记入账户贷方的金额。例如，企业以银行存款 40000 元偿还前欠某单位的货款，这笔经济业务发生后，银行存款和应付账款两个账户同时发生变化，在记入应付账款账户借方的同时，必须记入银行存款账户的贷方，并且金额相等，都是 40000 元。具体账户结构如下。

应付账款

借方	贷方
	期初余额
40000	

银行存款

借方	贷方
期初余额	
	40000

（四）借贷记账法下账户的对应关系及其会计分录

1. 账户的对应关系

账户的对应关系是指运用借贷记账法记录一项经济业务，表现为有关账户之间应借、应贷的对应关系。发生对应关系的账户，称之为对应账户。例如，用银行存款 50000 元偿还前欠某单位的货款。这项经济业务的发生，一方面应记入应付账款账户借方 50000 元，另一方面应记入银行存款账户贷方 50000 元，此时，这两个账户发生了应借、应贷的对应关系，则称其为对应账户，银行存款账户的对应账户是应付账款账户，同样应付账款账户的对应账户则是银行存款账户。这两个账户的对应关系诠释了应付账款的减少是由银行存款偿付的结果，也就是银行存款的减少是由于偿付前欠款的结果。

2. 会计分录的含义

所谓会计分录，就是确定每项经济业务应借、应贷账户的方向、名称和金额的一种记录。

3. 会计分录的列示方式

在理论教学中，为了清晰地反映账户之间的对应关系，编制会计分录时，应遵循一定的列示方式。具体如下。

① 先借后贷，即先写借方科目，后写贷方科目。

② 上借下贷，即借方科目写在上一行，贷方科目写在下一行，每个会计科目各占一行。

③ 左借右贷，借贷平衡。即借方科目要比贷方科目向右错开一个字。

下面举例说明会计分录的编制方法。

假设某医药商品流通企业 2009 年 3 月份发生下列部分经济业务。

【例 2-5】 企业从银行提取现金 150000 元备用。

这项经济业务的发生，使企业库存现金增加 150000，同时银行存款减少了 150000 元，此时的会计分录如下。

借：库存现金　　15000

　贷：银行存款　　15000

【例 2-6】 企业向银行借入三个月到期的借款 300000 元，款项当即存入银行。

这项经济业务的发生，使企业银行存款增加了 300000 元，同时短期借款也增加了 300000 元。此时会计分录如下：

借：银行存款　　300000

　贷：短期借款　　300000

【例 2-7】 企业从红旗药厂购入感冒通 100000 元，药品已到，验收入库，其中 60000 元以银行存款支付，其余暂欠（暂不考虑增值税）。

这项经济业务的发生，使企业的库存商品增加了 100000 元，同时银行存款减少了 60000 元，应付账款增加了 40000 元。此时会计分录如下。

借：库存商品——感冒通　　100000

　贷：银行存款　　60000

　贷：应付账款——红旗药厂　　40000

以上会计分录**【例 2-5】**、**【例 2-6】**属于简单会计分录，**【例 2-7】**属于复合会计分录。通过**【例 2-7】**可以看到，复合会计分录实际上是由几个简单的会计分录组成的，一般可分解成几个简单的会计分录。**【例 2-7】**可以分解成以下两个简单的会计分录。

（1）借：库存商品——感冒通　　60000

　　　贷：银行存款　　60000

（2）借：库存商品——感冒通　　40000

　　　贷：应付账款——红旗药厂　　40000

编制复合会计分录，既能够反映发生的某项经济业务的全貌，又能减少记账凭证的数量，简化记账工作。实际工作中值得注意的是，不能把不存在对应关系的账户结合起来编制一个复合会计分录，这样会混淆经济业务发生的实际情况。

（五）借贷记账法的运用

现以本章第二节所举的鹏通公司 2010 年 1 月份发生的经济业务为例进行说明。

1. 四项经济业务的会计分录

（1）借：库存现金　　5000

　　　贷：银行存款　　5000

(2) 借：应付账款　　　　　　　　　　　　50000
　　贷：短期借款　　　　　　　　　　　　50000

(3) 借：固定资产　　　　　　　　　　　　50000
　　贷：实收资本　　　　　　　　　　　　50000

(4) 借：短期借款　　　　　　　　　　　　30000
　　贷：银行存款　　　　　　　　　　　　30000

2. “T”字形账户

上述四项经济业务的“T”字形账户结构如表2-13所示。

表2-13 “T”字形账户

借　库存现金	贷
期初余额 2500 (1)5000	
本期发生额 7500	本期发生额 0
期末余额 7500	

借　银行存款	贷
期初余额 5000	(1)5000 (4)30000
本期发生额 0	本期发生额 35000
期末余额 15000	

借　应付账款	贷
(1)50000	期初余额 60000
本期发生额 50000	本期发生额 0
	期末余额 10000

借　短期借款	贷
(4)30000	期初余额 30000 (2)50000
本期发生额 30000	本期发生额 50000
	期末余额 50000

借　固定资产	贷
期初余额 150000 (3)50000	
本期发生额 50000	本期发生额 0
期末余额 200000	

借　实收资本	贷
	期初余额 247000 (3)50000
本期发生额 0	本期发生额 50000
	期末余额 297000

(六) 借贷记账法的试算平衡

试算平衡是用来检查账户记录是否正确的一种方法。借贷记账法的试算平衡是以会计要素的平衡关系以及借贷记账法的记账规则为理论依据的。

由于在借贷记账法下，对每项经济业务都是用借贷相等的金额来记录，因此无论是每项经济业务的发生额，还是全部经济业务在会计期间的累计发生额，以及账户期末余额，借方和贷方自始至终都是平衡的。即全部账户借方发生额合计数一定等于贷方发生额合计数，全部账户的期末借方余额与贷方余额也必然相等。可用下列平衡公式来表示。

1. 发生额平衡公式

全部账户本期借方发生额合计数＝全部账户本期贷方发生额合计数

2. 余额平衡公式

全部账户借方期末余额合计数＝全部账户贷方期末余额合计数

以上两个平衡公式是账户试算平衡的依据。在记账过程中，如果借贷不平衡，账户就一定存在错误。

现将上述表2-1、表2-13进行合并，根据本章第二节鹏通公司的相关资料，编制一张简单试算平衡表（部分）。见表2-14。

表 2-14 试算平衡表

账户名称	期初余额		本期发生额		期末余额	
	借方	贷方	借方	贷方	借方	贷方
库存现金	2500		5000		7500	
银行存款	50000			35000	15000	
应收账款	24000				24000	
库存商品	121500				121500	
固定资产	150000		50000		200000	
短期借款		30000	30000	50000		50000
应付账款		60000	50000			10000
应交税费		1000				1000
实收资本		247000		50000		297000
资本公积		10000				10000
合计	348000	348000	135000	135000	368000	368000

值得注意的是，虽然通过试算平衡表能够检查出账户的错误，但并不是所有账户的错误都能利用试算平衡表来检验。如果遇到经济业务漏记或重记、账户的记账方向记录颠倒、账户名称用错等情况，试算平衡表就无法来检验账户记录的正确性。此时必须采用别的方法进行检验。

第五节 总分类账户与明细分类账户的平行登记

一、总分类账户和明细分类账户的关系

账户是根据会计科目开立的户头，因此账户的设置应与会计科目相一致。会计科目有总分类科目和明细分类科目之分，为了满足经济管理对会计资料的不同需要，账户也应该开设总分类账户和明细分类账户。

总分类账户是根据总分类科目开设的，又称为一级账户或总账账户，它总括反映企业资产、负债、所有者权益、收入、费用和利润各要素增减变动的相关资料，此账户只进行金额核算，提供金额指标；而明细分类账户是根据明细科目开设的，即是根据子目和细目开设的，又称为明细账户。它不但进行金额核算，提供金额指标，还进行实物核算，提供数量、实物指标。例如，库存商品账户是一个总账账户，它反映了企业全部库存商品的购入、销售及余额情况，此账户提供的是库存商品总括的核算指标。又如，库存商品总账下设立甲商品和乙商品两个明细分类账户，这两个账户分别用来核算甲、乙两种商品的购入、销售和结存情况，不但反映甲、乙两种商品的金额，同时也能反映其实物数量的结存情况。

由此可见，总分类账户和明细分类账户二者的关系是：总分类账户是所属明细分类账户的概括和综合，对所属明细分类账户起到统驭和控制的作用；而明细分类账户则是总分类账户的具体化，对其所属的总分类账户起着补充说明的作用。总分类账户和所属明细分类账户所记录的经济业务内容是相同的，二者结合起来，总括而详细地反映经济业务的增减变动及其结存情况。二者所不同的只是所提供的核算资料有详简之分。

二、总分类账户和明细分类账户的平行登记

企业发生的每一笔经济业务，根据相关凭证登记入账时，一方面要在总分类账户中进行

登记，另一方面还要在其所属的明细分类账户中进行登记，这种登记是采用平行登记的方法进行的，其要点如下。

1. 登记的方向相同

将经济业务登记总分类账户和明细分类账户时，借贷方向必须一致。在登记总分类账户借方的同时，也要记入其所属明细分类账户的借方；登记总分类账户贷方的同时，也要记入其所属明细分类账户的贷方。

2. 登记的期间相同

对企业发生的经济业务在登记总分类账户和其所属明细分类账户过程中，不必同时进行，但必须在同一个会计期间全部完成。

3. 登记金额相等

将经济业务记入总分类账户的金额，应与记入其所属明细分类账的金额合计相等。

总分类账户与其所属明细分类账户通过平行登记，在金额上形成了如下等式关系。

① 总分类账户借方（或贷方）发生额＝所属各明细分类账户借方（或贷方）发生额之和。

② 总分类账户借方（或贷方）余额＝所属各明细分类账户借方（或贷方）余额之和。

以上两个平衡等式是总分类账户与其所属明细分类账户相互核对的理论依据。

现以“库存商品”为例，说明总分类账户与其所属明细分类账户的平行登记。

【例 2-8】 某药材公司 1 月初“库存商品”总账余额为 20000 元，其所属明细账余额如下：金银花 200kg，单价 40 元，计 8000 元；甘草 700kg，单价 10 元，计 7000 元；黄芪 500kg，单价 10 元，共计 5000 元。

开设库存商品总账和明细账，见表 2-15～表 2-18。

1 月份企业有关库存商品收付业务如下。

① 1 月 4 日，企业购入金银花 1000kg，单价 40 元，计 40000 元，购入黄芪 400kg，单价 10 元，计 4000 元，商品验收入库，款项以存款支付（暂不考虑增值税）。

该笔经济业务的会计分录如下。

借：库存商品——金银花　　40000
借：库存商品——黄芪　　4000
　贷：银行存款　　44000

② 1 月 12 日，企业购入甘草 1500kg，单价 10 元，计 15000 元，货款未付（暂不考虑增值税）。

该笔经济业务的会计分录如下。

借：库存商品——甘草　　15000
　贷：应付账款——某企业　　15000

③ 1 月 31 日，结转本月已经销售的商品实际成本，其中金银花 1000kg，单价 40 元，计 40000 元；甘草 1000kg，单价 10 元，计 10000 元；黄芪 800kg，单价 10 元，计 8000 元。

该笔经济业务的会计分录如下。

借：主营业务成本　　58000
　贷：库存商品——金银花　　40000
　贷：库存商品——甘草　　10000
　贷：库存商品——黄芪　　8000

根据上述资料，登记库存商品总账及其所属明细账。

具体见表 2-15～表 2-18。

表 2-15　总分类账

科目名称：库存商品　　　　　　　　　　　　　　　　　　　　金额：元

＊＊年		凭证		摘要	借方	贷方	借或贷	余额
月	日	种类	号码					
1	1			期初余额			借	20000
	4			购入	44000		借	64000
	12	略	略	购入	15000		借	79000
	31			结转商品成本		58000	借	21000
	31			本期发生额及余额	59000	58000	借	21000

表 2-16　库存商品明细分类账

商品名称：金银花　　　　　　　　　　　　　　　　计量单位：kg；金额：元

＊＊年		凭证		摘　要	收　入			发　出			结　存		
月	日	种类	号码		数量	单价	金额	数量	单价	金额	数量	单价	金额
	1			期初余额							200	40	8000
1	4	略	略	购入	1000	40	40000				1200	40	48000
	31			销售				1000	40	40000	200	40	8000
	31			本期发生额及余额	1000		40000	1000		40000	200		8000

表 2-17　库存商品明细分类账

商品名称：甘草　　　　　　　　　　　　　　　　　计量单位：kg；金额：元

＊＊年		凭证		摘　要	借　方			贷　方			结　存		
月	日	种类	号码		数量	单价	金额	数量	单价	金额	数量	单价	金额
	1			期初余额							700	10	7000
1	4	略	略	购入	1500	10	15000				2200	10	22000
	31			销售				1000	10	10000	1200	10	12000
	31			本期发生额及余额	1500		15000	1000		10000	1200		12000

表 2-18　库存商品明细分类账

商品名称：黄芪　　　　　　　　　　　　　　　　　计量单位：kg；金额：元

＊＊年		凭证		摘　要	借　方			贷　方			结　存		
月	日	种类	号码		数量	单价	金额	数量	单价	金额	数量	单价	金额
	1			期初余额							500	10	5000
1	12	略	略	购入	400	10	4000				900	10	9000
	31			销售				800	10	8000	100	10	1000
	31			本期发生额及余额	400		4000	800		8000	100		1000

从上述平行登记的结果可以看出，“库存商品”总分类账户的期初和期末余额及本期借方和贷方发生额，与其所属明细分类账户的期初、期末余额之和以及本期借方和贷方发生额之和都是相等的。和试算平衡表一样，这种平衡关系，同样可以检查总分类账和其所属明细分类账的登记是否正确。

【学习检测】

一、问答题

1. 什么是会计要素？会计要素主要包括哪几个方面的内容？

2. 什么是会计等式？简述会计基本等式的原理。

3. 举例说明经济业务发生引起会计要素发生增减变化的四种类型。

4. 什么是会计科目？什么是账户？二者的关系如何？

5. 什么是复式记账？复式记账的理论依据是什么？

二、选择题

(一) 单项选择题

1. 下列各项中属于资产的有（　　）。

A. 银行存款　　B. 应付职工薪酬　　C. 短期借款　　D. 应交税费

2. 下列各项中属于流动资产的有（　　）。

A. 厂房　　B. 机器设备　　C. 运输设备　　D. 库存商品

3. 资产＝权益是会计的（　　）。

A. 基本等式　　B. 借贷等式　　C. 试算等式　　D. 动态等式

4. 会计科目是（　　）。

A. 账簿名称　　B. 账户名称　　C. 报表名称　　D. 会计要素名称

5. （　　）是指企业在一定会计期间的经营成果。

A. 收入　　B. 利润　　C. 净利润　　D. 营业利润

6. 下列各项中属于企业资产的是（　　）。

A. 应付账款　　B. 实收资本　　C. 销售收入　　D. 原材料

7. 最基本的会计等式是（　　）。

A. 收入－费用＝利润　　B. 收入－成本＝利润

C. 资产＝负债＋所有者权益　　D. 资产＋负债＝所有者权益

8. 企业期末所有者权益总额等于（　　）。

A. 期末资产－期末负债　　B. 本期收入－本期费用

C. 期末资产－本期费用　　D. 期末负债＋本期费用

9. 某企业6月初的资产总额为60000元，负债总额为25000元。6月初取得收入共计28000元，发生费用共计18000元，则6月末该企业的所有者权益总额为（　　）。

A. 85000元　　B. 35000元　　C. 10000元　　D. 45000元

10. 某企业年初资产总额为126000元，负债总额为48000元。本年度取得收入共计89000元，发生费用共计93000元，月末负债总额为50000元，则该企业年末资产总额为（　　）。

A. 124000元　　B. 122000元　　C. 128000元　　D. 131000元

11. 企业月初资产总额300万，本月发生下列经济业务①赊购材料10万；②用银行存款偿还短期借款20万；③收到购货单位偿还欠款15万存入银行，月末资产总额为（　　）。

A. 310万　　B. 290万　　C. 295万　　D. 305万

12. 在借贷记账法下，将账户划分为借、贷两主，哪一方登记增加，哪一方登记减少的依据（　　）。

A. 凡借方都登记增加，贷方都登记减少　　B. 记账方法

C. 核算方法　　D. 账户的性质及结构

13. 采用借贷记账法时，负债账户的结构特点是（　　）。

A. 借方登记增加、贷方登记减少，期末余额在借方

B. 借方登记减少、贷方登记增加，期末余额在贷方

C. 借方登记增加、贷方登记减少，期末一般无余额

D. 借方登记减少、贷方登记增加，期末一般无余额

14. 某企业“原材料”账户月初余额为380000元，本月验收入库的原材料共计240000元，发出材料共计320000元。则该企业“原材料”月末余额为（　　）。

A. 余额在借方，金额为460000元　　B. 余额在贷方，金额为460000元

C. 余额在借方，金额为 300000 元　　D. 余额在贷方，金额为 300000 元

（二）多项选择题

1. 下列项目中属于所有者权益的有（　　）。

A. 实收资本　　B. 资本公积　　C. 应收账款

D. 预付账款　　E. 应付利息

2. 下列经济业务中，能够引起会计等式两边同时发生增减变化的是（　　）。

A. 从银行提取现金　　B. 销售商品，货款未收

C. 向银行借款并存入银行　　D. 购进商品，款项以银行存款支付

E. 用银行存款购买机器设备

3. 下列项目中属于会计科目的是（　　）。

A. 开办费　　B. 专利权　　C. 无形资产

D. 应付账款　　E. 存货

4. 总分类账户与其所属明细分类账户平行登记的要点有（　　）。

A. 方向相同　　B. 空间相同　　C. 时间相同

D. 金额相等　　E. 余额相等

5. 账户中余额与发生额之间的关系可用公式表示如下（　　）。

A. 本期期初余额＝上期期末余额

B. 本期期末余额＝上期期初余额

C. 本期期末余额＝期初余额＋本期增加发生额－本期减少发生额

D. 本期期末余额＝本期增加发生额－本期减少发生额

E. 本期期末余额－期初余额＝本期增加发生额－本期减少发生额

6. 会计核算的基本前提包括（　　）。

A. 会计主体　　B. 持续经营　　C. 会计分期

D. 货币计量　　E. 设置账户

7. 下列各项中属于会计要素的是（　　）。

A. 资产　　B. 固定资产　　C. 负债

D. 费用　　E. 所有者权益

8. 会计对象是指（　　）的内容。

A. 会计核算　　B. 实物流转　　C. 会计监督

D. 财务活动　　E. 资金流转

9. 反映企业财务状况的会计要素包括（　　）。

A. 资产　　B. 收入　　C. 费用

D. 所有者权益　　E. 利润

10. 借贷记账方法下的试算平衡方法有（　　）。

A. 发生额试算平衡法　　B. 总额试算平衡法

C. 差额试算平衡法　　D. 余额试算平衡法

E. 账户平衡法

11. 下列账户中属于损益账户的有（　　）。

A. 主营业务收入　　B. 管理费用　　C. 本年利润

D. 利润分配　　E. 库存现金

12. 下列账户中，属于所有者权益类账户的有（　　）。

A. 实收资本　　B. 本年利润　　C. 盈余公积

D. 未分配利润　　　E. 银行存款

三、判断题

1. 会计科目是账户的名称。（　　）

2. 只要有经济业务发生，会计等式两边数量就会发生变化。（　　）

3. 个别经济业务的发生，会破坏会计等式的平衡关系。（　　）

4. 经济业务发生，在使一个资产项目增加的同时，可以使另一个权益项目增加。（　　）

5. 资产是指过去的交易事项形成并由企业拥有或控制的资源，该资源预期会导致企业经济利益的流出。（　　）

6. 核算职能是会计的唯一职能。（　　）

7. 会计监督是指对特定主体经济活动的合法性、合理性的审查。（　　）

8. 法人可以为会计主体，会计主体一定是法人。（　　）

9. 设置账户是会计核算的重要方法之一。（　　）

10. 当企业所有者权益增加时，必然表现为企业资产的增加。（　　）

四、业务核算题

实务训练一

1. 目的　掌握资产、负债和所有者权益各会计要素的划分以及它们相对应的账户名称。

2. 要求　根据所给资料，在栏目相应空白处指出各表述所涉及的会计科目，并用对号标示其类别。

3. 资料　见表2-19。

表2-19　实务训练一资料

序号	内容表述	会计科目	资产	负债	所有者权益
1	财会部门库存备用现金				
2	存在银行里的款项				
3	投资人投入的资本				
4	厂房和运输设备				
5	应上缴的税金				
6	购入并已验收入库的商品				
7	购入商品尚未入库				
8	向银行借入的一年期以内的借款				
9	应付某单位的购货款				
10	预付下半年的报纸杂志费				
11	应收销售产品的款项				
12	商标权和专利权				
13	包装用纸箱				
14	职工出差预借差旅费				
15	向银行借入两年期的借款				
16	收到投资者投入的资本				
17	本月实现的利润				
18	应付给职工的工资				
19	应付给投资者的利润				
20	提存福利费				

实务训练二

1. 目的　掌握借贷记账法会计分录的编制、“T”字形账户的结构以及试算平衡表的编制。

2. 要求

(1) 根据上述资料编制会计分录。

(2) 根据期初余额设置“T”字形账户，并登记各经济业务涉及的各类账户，结算出账户的本期发生额和期末余额。

(3) 根据各账户的余额编制期末余额试算平衡表。

3. 资料　某企业 2009 年 3 月份全部资产、负债及所有者权益的期初余额如表 2-20 所示。

表 2-20　实务训练二资料　　单位：元

资产类账户	金　额	负债及所有者权益类账户	金　额
库存现金	2000	短期借款	50000
银行存款	130000	应付账款	46000
应收票据	20000	应付职工薪酬	22800
应收账款	35000	应交税费	1200
其他应收款	3000	实收资本	350000
库存商品	40000	资本公积	10000
固定资产	250000		
合　计	480000	合　计	480000

该企业 3 月份发生下列部分经济业务：

(1) 从银行提取现金 20000 元备用；

(2) 收到投资人追加投入资本 100000 元，款项存入银行；

(3) 向银行借入三个月到期的借款 60000 元，当即存入银行；

(4) 以银行存款 45000 元偿还前欠甲公司货款；

(5) 购入一批商品 60000 元，其中 40000 元以银行存款支付，其余暂欠（暂不考虑增值税）；

(6) 收到乙企业前欠货款 35000 元，款项存入银行；

(7) 预付下半年报纸杂志费 8000 元，以存款支付；

(8) 销售一批商品，售价 70000 元，款项尚未收（暂不考虑增值税）；

(9) 用银行存款上缴税金 24000 元；

(10) 结转本月已销售产品的实际成本 52000 元。

第三章 生产企业主要经济业务核算

学习目标

本章通过对工业企业供应、生产、销售等过程的介绍，进一步说明了借贷记账法的记账规则，举例阐述了企业主要经济业务核算的方法。较为详细地介绍了在日常核算中应设置哪些资产账户、负债账户、所有者权益类账户、成本费用和收入、成果类账户。还对常用会计账户的核算内容、账户结构作了详细介绍。

重点难点

本章学习的主要内容是设置账户与复式记账的具体运用。学习中应重点掌握对各项经济业务的确认，以及相关账户的性质、结构，并能正确地、熟练地编制会计分录。学习时较为难掌握的内容是：生产与销售、成本与费用、收入及利润的确认与记录。

第一节 生产企业经营过程及其特点

企业是指从事生产、贸易、运输等经济活动的单位，如产品制造、商品流通、交通运输、餐旅服务企业等。本章以工业产品制造业主要生产、经营过程的基本业务为例，较系统地说明其会计核算的基本方法。

产品制造企业，简称为制造业，是制造生产资料与生活资料或对半成品、农产品等进行加工的生产企业，是按照市场经济的要求，自主经营、自负盈亏、自我积累的经济实体。它的中心任务是组织商品生产、满足社会生产与生活的需要；降低成本、增加盈利、为发展市场经济扩大积累。因此，必须认真组织会计核算与监督，充分发挥会计在其生产经营过程中的核算管理职能。

制造业的生产经营过程，主要是以生产过程为中心，由供应过程、生产过程、销售过程三个基本环节组成的统一的过程。要进行产品生产，首先需要购进原材料（即供应过程）；购进原材料的目的在于投入生产制造产品（即生产过程）；制造出来的产品，是为了投入市场，满足社会生产与生活的需要，实现它的价值与使用价值（即销售过程）。这一全过程的特点是，购进原材料经过加工制造改变其原有物质形态，形成市场所需的新物质形态。

第二节 资金进入企业的核算

任何企业的经营活动，都离不开资金，资金的来源包括两个方面，即投资人投入资本和从银行及其他金融机构借入资金。

一、投入资本的核算

投资人投入资本是企业筹建时投资人根据合同和企业章程中有关投资条款向企业投入资

本，是企业在工商行政管理部门登记的注册资金，也称注册资本。企业在经营过程中，由于扩大规模对资金的需要，企业可允许投资人按照规定追加投资或以盈余公积、资本公积转增资本。投资人可以是国家、单位、个人和外商等方面。投资人可以现金、银行存款、房屋、机器设备等实物进行投资，还可以无形资产对企业投资。国家投入企业的资本称为国家资本，法人单位投入企业的资本称为法人资本，个人投入企业的资本称为个人资本，外商投入企业的资本称为外商资本。企业筹建的资本金，在生产经营期间，投资者除依法转让外，不得以任何方式抽走。

为了核算和监督投资人投入资本的变动情况，需设置下列账户。

1. "实收资本"账户

本账户属所有者权益账户，用来核算企业实际收到投资人投入企业的资本数（包括现金、实物等）。该账户的核算内容及其结构，如表3-1所示，该账户应按投资人设置明细账，进行明细核算。

表3-1 "实收资本"账户

借方　　实收资本	贷方
按规定程序减少资本额	期初余额：××× 企业收到投资人投入的资本额
	期末余额：反映投资人投入资本的实有数

2. "库存现金"账户

本账户是资产类账户，用来核算企业的库存现金。该账户核算内容及其结构如表3-2所示。

表3-2 "库存现金"账户

借方　　库存现金	贷方
期初余额：××× 库存现金的增加额	库存现金的减少额
期末余额：企业库存现金的结存数	

3. "银行存款"账户

本账户是资产类账户，用来核算企业存入银行或其他金融机构的各种存款。该账户核算内容及其结构如表3-3所示。

表3-3 "银行存款"账户

借方　　银行存款	贷方
期初余额：××× 银行存款的增加额	银行存款的减少额
期末金额：企业银行存款的实有数额	

4. "固定资产"账户

本账户属于资产类账户，用来核算企业所有固定资产的原值（固定资产在使用中损耗掉的价值不在本账户核算）。该账户核算内容如表3-4所示，按固定资产种类设明细账。

表 3-4 “固定资产”账户

借方	固定资产　　　　　　贷方
期初余额：××× 增加固定资产的原始成本	减少固定资产的原始成本
期末余额：企业拥有固定资产原始成本	

【例 3-1】 国家投入资本 50 万元存入银行。

借：银行存款　　　　　　　　　　500000

　贷：实收资本——国家资本　　　　　500000

【例 3-2】 上级主管部门投入全新汽车一辆，价值 30 万元。

借：固定资产——汽车　　　　　　300000

　贷：实收资本——国家资本　　　　　300000

二、银行借款的核算

企业在生产经营活动中，由于资金不足，可向银行申请借款，以满足生产经营的需要，保障生产活动的正常进行。企业从银行借入款项时，必须按银行规定办理有关借款手续，按用途使用，支付利息，按期归还，维护企业信誉。企业向银行借入的款项，按偿还期的长短，可分为短期借款和长期借款。

1. “短期借款”账户

本账户属负债类账户，核算企业从银行或其他金融机构借入在一年以内（含一年）偿还的各种借款，该账户核算的内容与结构如表 3-5 所示。

表 3-5 “短期借款”账户

借方　　　　　　短期借款	贷方
到期如数归还借款记减少	期初余额：××× 企业借入一年以内偿还的款项时记增加
	期末余额： 表示企业尚未归还的各种短期借款

2. “长期借款”账户

本账户属于负债类账户，核算企业向银行或其他金融机构借入的期限在一年以上（不含一年）偿还的各种借款。该账户核算内容与结构如表 3-6 所示。

表 3-6 “长期借款”账户

借方　　　　　　长期借款	贷方
到期归还时记减少	期初余额：××× 企业借入期限在一年以上归还的款项时记增加
	期末余额： 表示企业尚未归还的各种长期借款

【例 3-3】 企业因周转资金短缺向银行申请借入半年期借款 30 万元，已办妥手续。附原始单据一张，见表 3-7。

借：银行存款　　　　　　　　　　300000

　贷：短期借款　　　　　　　　　　300000

表 3-7 原始借款单据

（流动资金借款）凭证（回单） ①

原借款凭证

单位编号： 日期：2009 年 12 月 6 日 原借款凭证银行编号：

此联转账后作回单，退借款单位并代往来户收款通知。

付款人	名称	生物药厂	付款人	名称	生物药厂
	往来户账号	516-00002222		往来户账号	516-00002222
	开户银行	广办支行		开户银行	广办支行
计划还款日期		2010 年 6 月 6 日	还款次序		一次还款
借款金额		人民币（大写）	叁拾万元整		千 百 十 万 千 百 十 元 角 分 ¥ 3 0 0 0 0 0 0 0
还款内容					
备注：			上述款项已划入你单位往来账户内 此致 借款单位盖章 （银行盖章）2009 年 12 月 6 日		

【例 3-4】 企业为建造仓库向银行借入 2 年期借款 50 万元，已办妥贷款手续。

借：银行存款 500000

贷：长期借款 500000

第三节 材料采购业务的核算

制造业购进环节的主要经济业务是组织材料采购。材料是构成产品实体，或有助于产品形成以及便于进行生产不可缺少的物质。材料一经投入生产过程，其实物形态就会被消耗，其价值随着实物的消耗一次性地转移到产品成本中去，在产品销售后，取得销售收入时得到补偿。

采购阶段是生产准备阶段，是生产资金周转的第一环节。这一过程发生的主要经济业务是：企业用货币资金购买材料物资，支付材料物资的买价、增值税和采购费用，同供应单位发生结算关系。材料物资的买价加上采购费用，构成材料物资的实际采购成本。

一、采购业务核算的账户设置

为了正确地计算材料物资的采购成本，核算和监督材料验收入库及其发出、结存情况，应设置以下账户。

1. “在途物资”账户

本账户属于资产类账户，用于核算企业已经付款但尚未到达企业或虽已运抵企业但尚未验收入库的外购材料物质的实际采购成本（包括买价、运费和除增值税以外的其他税金）。该账户的核算内容及其结构，如表 3-8 所示。本账户的明细账按照供货单位名称或材料的品种设置。

2. “原材料”账户

本账户属于资产类的账户，用于核算企业库存材料的增减变动及其结存情况。该账户的核算内容及其结构，如表 3-9 所示。本账户的明细账应按照材料的类别、品种、规格设置。

表 3-8 “在途物资”账户

借方 在途物资	贷方
期初余额：××× 核算购入材料物资的实际采购成本 ①购入材料物资的买价 ②购入材料物资的采购费用 ③购入材料物资应负担的税金	结转入库材料物资的实际采购成本
期末余额：在途材料物资的实际成本	

表 3-9 “原材料”账户

借方 原材料	贷方
期初余额：××× 入库材料物资的实际成本	发出材料物资的实际成本
期末余额：库存材料物资的实际成本	

3. “应交税费”账户

本账户属于负债类账户，用于核算企业应缴纳的各种税金，如增值税、消费税、营业税、所得税等。该账户核算内容及其结构，如表 3-10 所示。本账户的明细账应按应缴纳的税种设置。

表 3-10 “应交税费”账户

借方 应交税费	贷方
实际交纳的各种税费和购进商品时应支付的增值税（进项税额）等	按规定的税率计算应交纳的各种税费和销售商品应收取的增值税（销项税额）等
期末余额：多交或待抵扣的增值税（进项税额）部分	期末余额：应交纳的各种税费

4. “应付账款”账户

本账户用于属于负债类账户，核算企业因购买材料物资和接受劳务供应等而形成的债务。该账户的核算内容及其结构，如表 3-11 所示。本账户的明细账应该按照债权单位名称设置。

表 3-11 “应付账款”账户

借方 应付账款	贷方
实际偿付、抵付应付账款时	期初余额：××× 交易过程应付未付的购货款及应付接受劳务的款项
	期末余额：尚未偿付的应付款项

5. “应付票据”账户

本账户属负债类账户，用来核算企业对外发生债务时所开出并承兑的商业汇票，该账户应按商业汇票的种类设置明细账。账户核算内容及其结构，如表 3-12 所示。

表 3-12 “应付票据”账户

借方 应付票据	贷方
商业汇票到期按票面金额支付款时	期初余额：××× 企业开出并承兑商业汇票抵付货款时
	期末余额：尚未到期的商业汇票

二、采购环节主要经济业务的核算举例

【例 3-5】 向河北中药厂采购金银花 1000kg，增值税专用发票列材料单价 15 元，计 15000 元，增值税 2550 元，连翘 2000kg，单价 19 元，计 38000 元，增值税 6460 元。货款未付，材料验收入库。

借：原材料——金银花　15000

借：原材料——连翘　38000

借：应交税费——应交增值税——进项税额　9010

　贷：应付账款——河北中药厂　62010

【例 3-6】 向光明中药厂购入连翘 3000kg，增值税专用发票列材料单价 19 元，计 57000 元，增值税 9690 元，共计 66690 元，货款以银行存款支付，材料验收入库。

借：原材料——连翘　57000

借：应交税费——应交增值税——进项税额　9690

　贷：银行存款　66690

【例 3-7】 生物制药厂向外地长安中药厂购入金银花 2000kg，增值税专用发票列材料单价 15 元，计 30000 元，增值税 5100 元，共计 35100 元，货款以商业承兑汇票抵付期限半年，同时以银行存款支付金银花材料运杂费 375 元，材料验收入库。附原始凭证如表 3-13～表 3-16 所示。

借：原材料——金银花　30375

借：应交税费——应交增值税——进项税额　5100

　贷：应付票据——商业承兑汇票　35100

　贷：银行存款　375

表 3-13　原始凭证——××省增值税专用专票

××省增值税专用发票

晋
I　96

发　票　联

开票日期：2009 年 3 月 8 日　　No. 6591002

<table>
<tr><td rowspan="2">购货单位</td><td>名称</td><td colspan="3">生物制药厂</td><td colspan="8">纳税人登记号</td><td colspan="9">14010279704366</td></tr>
<tr><td>地址、电话</td><td colspan="3">余兴路 677 号</td><td colspan="8">开户银行及账号</td><td colspan="9">工行静安支行 267-03012345</td></tr>
<tr><td colspan="2" rowspan="2">商品或劳务名称</td><td rowspan="2">计量单位</td><td rowspan="2">数量</td><td rowspan="2">单位</td><td colspan="8">金　额</td><td rowspan="2">税率（%）</td><td colspan="8">金　额</td></tr>
<tr><td>十</td><td>万</td><td>千</td><td>百</td><td>十</td><td>元</td><td>角</td><td>分</td><td>十</td><td>万</td><td>千</td><td>百</td><td>十</td><td>元</td><td>角</td><td>分</td></tr>
<tr><td colspan="2">金银花</td><td>kg</td><td>2000</td><td>15</td><td>¥</td><td>3</td><td>0</td><td>0</td><td>0</td><td>0</td><td>0</td><td>0</td><td>17</td><td></td><td>¥</td><td>5</td><td>1</td><td>0</td><td>0</td><td>0</td><td>0</td></tr>
<tr><td colspan="2"></td><td></td><td></td><td></td><td></td><td></td><td></td><td></td><td></td><td></td><td></td><td></td><td></td><td></td><td></td><td></td><td></td><td></td><td></td><td></td><td></td></tr>
<tr><td colspan="2"></td><td></td><td></td><td></td><td></td><td></td><td></td><td></td><td></td><td></td><td></td><td></td><td></td><td></td><td></td><td></td><td></td><td></td><td></td><td></td><td></td></tr>
<tr><td colspan="2">合计</td><td></td><td></td><td></td><td></td><td></td><td></td><td></td><td></td><td></td><td></td><td></td><td></td><td></td><td></td><td></td><td></td><td></td><td></td><td></td><td></td></tr>
<tr><td colspan="2">价税合计（大写）</td><td colspan="3">叁万伍仟壹佰元整</td><td colspan="8"></td><td colspan="9"></td></tr>
<tr><td rowspan="2">销货单位</td><td>名称</td><td colspan="3">长安中药厂</td><td colspan="8">纳税人登记</td><td colspan="9"></td></tr>
<tr><td>地址、电话</td><td colspan="3">余姚市人民路 761 号
3128902</td><td colspan="8">开户银行及账号</td><td colspan="9"></td></tr>
</table>

第二联　发票联　购买方记账

表 3-14　原始凭证——商业承兑汇票

商业承兑汇票（存根）　　　　ⅨⅣ3192980

签发日期 2009 年 3 月 8 日　　　　第　　号

付款人	全称	生物制药厂		收款人	全称	长安中药厂	
	账号	267-03012345			账号	318-007654321	
	开户银行	静安支行	行号		开户银行	建办	行号

汇票金额	（大写）人民币：叁万五仟壹佰元整	百	十	万	千	百	十	元	角	分
			¥	3	5	1	0	0	0	0
汇票到期日	2010 年 9 月 8 日	交易合同号								
备注：　到期日无条件付款 （公章）		负责　　　经办								

此联签发人存查

表 3-15　原始凭证——银行支票

	中国银行太原市分行支票		支票号码：000616
中国银行太原分行	签发日期 贰零零玖 年 叁月 零捌 日　开户行名称：静安支行		
支票号码：000616 签发日期：2009 年 3 月 8 日	收款人：		签发人账号：267-03012345
收款人：长安中药厂	人民币（大写）	叁佰柒拾伍元整	百 十 万 千 百 十 元 角 分 ¥ 3 7 5 0 0
金额：375.00	用途 运杂费		
用途：运费	上列款项表从		复核
	我账户内支付		记账
	签发人签章		验印

表 3-16　原始凭证——收据

太原市企业单位统一收据

2009 年 3 月 8 日　　　　思开 96-3856815

交款单位	生物制药厂		
人民币（大写）	叁佰柒拾伍元整	375.00	
系付	运杂费	现金	
		支票	
		付委	

③记账联

收款单位（盖章有效）　　财务＿＿＿＿＿＿　经手人＿＿＿＿＿＿

【例 3-8】 企业通过银行电汇 62010 元，偿还前欠河北中药厂货款，附结算票据如表 3-17 所示。

借：应付账款——河北中药厂　　　　62010

　贷：银行存款　　　　　　　　　　62010

表 3-17 原始凭证——电汇凭证

中国银行电汇凭证（回单）1

委托日期 2009 年 05 月 06 日　　　　No. 7098141

<table>
<tr><td rowspan="3">汇款人</td><td>全称</td><td colspan="4">生物制药厂</td><td rowspan="3">收款人</td><td>全称</td><td colspan="9">长安中药厂</td></tr>
<tr><td>账号或地址</td><td colspan="4">267-03012345</td><td>账号或住址</td><td colspan="9">057-0076543</td></tr>
<tr><td>汇出地点</td><td>省</td><td>市
县</td><td>汇出行
名称</td><td>工行</td><td>汇入地点</td><td>河北省</td><td>市
县</td><td colspan="3">汇出行
名称</td><td colspan="4">中行</td></tr>
<tr><td colspan="2" rowspan="2">汇票金额</td><td colspan="6" rowspan="2">人民币（大写）　陆万贰仟零壹拾元整</td><td>百</td><td>十</td><td>万</td><td>千</td><td>百</td><td>十</td><td>元</td><td>角</td><td>分</td></tr>
<tr><td></td><td>¥</td><td>6</td><td>2</td><td>0</td><td>1</td><td>0</td><td>0</td><td>0</td></tr>
<tr><td colspan="6">汇票用途：货款</td><td colspan="11" rowspan="2">汇出行盖章

20　　年　　月　　日</td></tr>
<tr><td colspan="6">上列款项已根据委托办理，如须查询，请持此回单来行面洽。
单位主管　　会计　　复核　　记账</td></tr>
</table>

第一联　此联汇出行给汇款人的回单

第二联　支款凭证

第三联　收账凭证

三、材料采购成本的计算

材料采购成本的计算，就是把企业购买材料物资所支付的买价和采购费用，按照材料物资的品种，计算每种材料的总成本和单位成本。采购材料的买价直接计入各种材料的采购成本，在采购过程发生其他费用，凡能分清属于哪一种材料负担的，可以直接计入该种材料的采购成本，如无法按材料品种分清运费的，需按材料的重量或买价等比例，将运费分摊计入各种材料的采购成本。

应由几种材料共同负担的采购费用，先计算采购费用分配率，其计算公式如下：

$$采购费用分配率=\frac{采购费用总额}{材料总重量（总买价）}$$

某种材料应分摊的采购费用＝该种材料重量（或买价）×采购费用分配率

【例 3-9】 3 月 7 日向红星中药厂购入金银花 1500kg，增值税专用发票列材料单价 15 元，计 22500 元，增值税 3825 元；购入山楂 1000kg，单价 3 元，计 3000 元，增值税 510 元，两种材料运杂费 500 元，共计款项 30335 元，一并以银行存款支付，材料验收入库。现按材料重量比例进行分配。

$$采购费用分配率=\frac{运杂费}{采购材料重量之和（总买价）}=\frac{500}{(1500+1000)}=0.2(元/kg)$$

每千克材料应负担的运杂费：

金银花应负担的运费＝1500×0.2＝300（元）

山楂应负担的运费＝1000×0.2＝200（元）

金银花的采购成本为 22800(22500＋300)

山楂的采购成本为 3200(3000＋200)

借：原材料——金银花　　　　22800

借：原材料——山楂　　　　3200

借：应交税费——应交增值税——进项税额　　　　4335

贷：银行存款 30335

【例 3-10】 3 月 8 日，企业从本市采购甘草 600kg，增值税专用发票列单价 3 元，计 1800 元，增值税 306 元，货款与税款开出转账支票付讫，材料未到。

借：在途物资——甘草 1800

借：应交税费——应交增值税——进项税额 306

贷：银行存款 2106

【例 3-11】 3 月 9 日，企业用现金 80 元支付采购甘草的运费。

借：在途物资——甘草 80

贷：库存现金 80

【例 3-12】 3 月 9 日，甘草运到企业按实际采购成本 1880 元验收入库。

借：原材料——甘草 1880

贷：在途物资——甘草 1880

据此登记各有关总账账户，账户如表 3-18 所示。

表 3-18 总账账户

在途物资

借方		贷方	
⑩	1800	⑫	1880
⑪	80		

原材料

借方		贷方	
⑤	53000		
⑥	57000		
⑦	30375		
⑨	26000		
⑫	1880		

应付账款

借方		贷方	
⑧	62010	⑤	62010

应付票据

借方		贷方	
		⑦	35100

银行存款

借方		贷方	
期初余额	500000	⑥	66690
		⑦	375
		⑧	62010
		⑨	30335
		⑩	2106

应交税费

借方		贷方	
⑤	9010		
⑥	9690		
⑦	5100		
⑨	4335		
⑩	306		

第四节 生产过程的核算

一、生产环节的主要经济业务

生产过程是制造业生产经营过程的中心环节，它一方面生产出各种产成品；另一方面又要消耗掉原材料等劳动对象，机器、设备等劳动资料以及劳动者的活劳动。这些在一定时期内为制造产品所发生的劳动耗费称作生产费用。这些耗费计入产品成本的方式，有些是直接记入，如生产过程中直接消耗掉的原材料、辅助材料、燃料、动力等直接材料费和从事产品生产人员的工资、奖金、津贴等直接工资费用，称之为直接费用；有些不能直接计入产品成本，需要按一定的标准、采取一定的方式分配计入产品成本，如生产车间为组织和管理生产所发生的生产管理人员工资，机器设备的折旧费、修理费等，称之为间接费用，又叫做“制造费用”。企业在生产过程中实际消耗的直接费用和制造费用，构成产品的制造成本。此外，企业为组织和管理生产经营活动还会发生一些其他费用，如企业行政管理部门的人员工资、业务招待费、坏账损失等管理费用。为销售产品而发生的销售费用、为筹集资金而发生的财务费用，这些称之为期间费用。期间费用不计入产品成本，直接计入当期损益。

二、生产过程的核算应设置的账户

1. “生产成本”账户

本账户属于成本类账户，用来核算企业为生产产品而发生的各项生产费用（包括材料、人工费以及其他费用等），该账户按产品名称设置明细账进行核算，账户内容及其结构，如表3-19所示。

表3-19 “生产成本”账户

借方	生产成本　　　　贷方
生产过程中发生的各项生产费用，包括 ①直接材料费 ②直接工资及福利费 ③分配转入的制造费用	产品完工后，按实际生产成本结转已完工的成本（转入库存商品账户）
期末余额：表示尚未完工产品的生产成本	

2. “制造费用”账户

本账户属于成本类账户，用于核算企业各车间为组织和管理生产所发生的工资和福利费、折旧费、修理费、办公费、水电费、机物料消耗、劳动保护等各项费用，该账户应按不同的车间、部门设置明细账，核算内容及其结构，如表3-20所示。

表3-20 “制造费用”账户

借方	制造费用　　　　贷方
本月车间为组织产品生产所发生的各项制造费用	月末或产品完工时，按一定的方法将借方发生的制造费用分配结转计入有关产品的生产成本
结转后期末一般无余额	

3. “管理费用”账户

本账户属于损益类的账户，用于核算企业行政管理部门为组织和管理生产经营活动而发生的各项管理费用，包括工资和福利费、折旧费、业务招待费，房产税、车船使用税、印花税、无形资产摊销、坏账损失等，本账户的明细账应按费用项目设置。账户的核算内容及其结构，如表3-21所示。

表3-21 “管理费用”账户

借方	管理费用　　　　贷方
记录企业管理部门在组织生产经营时发生的各项管理费用之数	期末将借方发生额合计转入“本年利润”账户之数
结转后期末应无余额	

4. “财务费用”账户

本账户属于损益类的账户，用于核算企业为筹集生产经营所需资金等而发生的费用，包括利息支出、汇兑损失以及相关的手续费等。该账户的核算内容及其结构，如表3-22所示。

本账户按费用项目设置明细账进行明细核算。

表 3-22 “财务费用”账户

借方　　　　财务费用	贷方
企业发生各项财务费用时记入数(包括贷款利息、银行手续费等)	①发生的冲减财务费用的利息收入、汇兑收益等 ②期末将本账户余额转入“本年利润”账户之数
结转后期末应无余额	

5. “应付利息”账户

本账户属于负债类账户，用于核算企业按照合同约定应支付的利息，包括吸收存款、分期付息和到期还本的借款等应支付的利息。贷方登记按规定利率计算的应付利息数，借方登记实际支付的利息数；期末余额在贷方，反映企业应付未付的利息。该账户可按存款人或债权人设置明细账户，进行明细分类核算。该账户的核算内容及其结构如表 3-23 所示。

表 3-23 “应付利息”账户

借方　　　　应付利息	贷方
实际支付的利息数额	期初余额：××× 按规定计算出应付未付的利息数额
	期末余额：应付未付的利息数额

6. “预付账款”账户

本账户属于资产类账户，用于核算企业按照购货合同规定预付给供应单位的款项。该账户可按债务人的名称设置明细账进行明细核算，核算内容及其结构，如表 3-24 所示。

表 3-24 “预付账款”账户

借方　　　　预付账款	贷方
企业向供应方预付的款项数额	企业收到购货方应付的商品或劳务结算实际结算款项数额
期末余额：反映企业实际预付的款项(表示资产)	期末余额：反映企业结算后尚未补付的款项(表示负债)

企业有些费用虽在本期支付，但按权责发生制要求，不属于本期的费用支出，即使支付也不应该做本期费用处理，应先计入预付款项。

7. “应付职工薪酬”账户

本账户属于负债类账户，用于核算企业根据有关规定应付给职工的各种薪酬，包括工资总额内的各种工资、奖金、津贴以及福利费等。该账户的核算内容及其结构，如表 3-25 所示。本账户按职工工资、职工福利等进行明细核算。

表 3-25 “应付职工薪酬”账户

借方　　　　应付职工薪酬	贷方
实际支付的职工各种薪酬	核算本月应支付给职工的各种薪酬
	月末一般无余额

8. “累计折旧”账户

用于核算企业的固定资产在实际使用过程中，按照一定的方法计算出固定资产磨损掉价值的累计情况，即预计使用年限内对其原值扣除其预计净残值的余额进行计算摊销的累计金额。按核算的经济内容，本账户属于资产类的账户；按用途和结构属于“固定资产”的调整账户。该账户的核算内容及其结构，如表 3-26 所示。

表 3-26 “累计折旧”账户

借方 累计折旧	贷方
报废、出售、毁损固定资产时同时冲销已提取该项固定资产的折旧额	期初余额：××× 固定资产因使用损耗而计算提取的折旧金额
	期末余额：表示企业现有固定资产累计已提的折旧额

9. “库存商品”账户

本账户属于资产类的账户，用于核算企业库存的各种产成品（商品），是指企业已经完成全部生产过程并验收入库的，包括外购商品，可以作为商品对外销售的产品。该账户的核算内容及其结构，如表 3-27 所示。本账户按商品的种类、品种和规格设置明细账进行明细核算。该账户的核算内容及其结构，如表 3-27 所示。

表 3-27 “库存商品”账户

借方 库存商品	贷方
期初余额：××× ①记入生产完工验收入库的或外购商品的实际成本 ②记入盘盈及其他原因增加的库存商品的实际成本	①结转已销售库存商品的实际生产成本 ②盘亏及其他原因减少的库存商品的实际成本
期末余额：库存商品的实际成本数	

10. “其他应收款”账户

本账户属资产类账户，用于核算企业除应收票据、应收账款、预付账款以外的其他各种应收、暂付款项。该账户的核算内容及其结构，如表 3-28 所示。本账户的明细账应按其他应收款的项目设置。

表 3-28 “其他应收款”账户

借方 其他应收款	贷方
期初余额：××× 记入企业发生的其他各种应收款项，包括应向职工收取的各种垫付款项等	记入实际收回其他各种应收款项数
期末余额：尚未收回的其他各种应收款项	

三、生产环节主要经济业务核算举例

（一）材料费、电费的核算

【例 3-13】 中成药生产车间生产维 C 银翘片，领用金银花 2000kg、连翘 1500kg；生产保和丸领用山楂 1200kg、连翘 800kg。为夏季消暑车间人员领用金银花 20kg，管理部门人员领用金银花 10kg、山楂 5kg。上述中药材单价分别为金银花 15 元/kg，连翘 19 元/kg，山楂 3 元/kg。

生产两种中成药领用的材料分别记入中成药的“生产成本”，车间一般耗用材料属间接费用，应记入“制造费用”，行政管理部门领用的材料不应记入产品成本，应记入“管理费用”，同时，领用材料使企业的库存原材料减少，应记入“原材料”账户的贷方。

借：生产成本——维C银翘片　　58500
借：生产成本——保和丸　　18800
借：制造费用　　300
借：管理费用　　165
　贷：原材料——金银花　　30450
　贷：原材料——连翘　　43700
　贷：原材料——山楂　　3615

【例 3-14】 核算本月应付的电费1500元。其中，生产维C银翘片用电500元，生产保和丸用电400元，车间管理部门用电350元，行政管理部门用电250元。

借：生产成本——维C银翘片　　500
借：生产成本——保和丸　　400
借：制造费用　　350
借：管理费用　　250
　贷：应付账款　　1500

（二）工资及福利费的核算

工资是企业按一定工资标准和方法计算的应付给职工的劳动报酬，福利费是企业根据国家规定按职工工资总额的一定比例提取的用于职工个人的福利。工资和福利费是生产费用的重要组成部分，所以应正确核算和提取。企业职工的工资和福利费按用途可归纳如下。

① 直接从事产品生产人员的工资和福利费，这部分工资费用和福利费属于直接人工费用，应直接列入产品生产成本。

② 车间管理人员的工资和福利费，属于生产产品的间接费用，应列入制造费用。

③ 行政管理人员的工资和福利费，属于企业期间费用，列入管理费用。

为了反映和监督企业工资费用的支付情况，设置“应付职工薪酬”账户。

【例 3-15】 核算本月应付职工工资15000元，其中生产维C银翘片工人工资8000元，生产保和丸工人工资3000元，车间管理人员工资1500元，行政管理人员工资2500元。

借：生产成本——维C银翘片　　8000
借：生产成本——保和丸　　3000
借：制造费用——工资　　1500
借：管理费用——工资　　2500
　贷：应付职工薪酬——职工工资　　15000

【例 3-16】 从银行提取现金15000元，备付工资。

借：库存现金　　15000
　贷：银行存款　　15000

【例 3-17】 用现金15000元，发放职工工资。

借：应付职工薪酬——职工工资　　15000
　贷：库存现金　　15000

【例 3-18】 按职工工资总额的14％提取本月福利费。

本月提取福利费总额为2100元，按用途提取的福利费分别为：

生产维C银翘片工人工资计提的福利 8000×14％＝1120（元）

生产保和丸工人工资计提的福利费 3000×14％＝420（元）

车间管理人员工资计提的福利费 1500×14％＝210（元）

行政管理人员工资计提的福利费 2500×14%=350（元）

借：生产成本——维C银翘片　　1120

借：生产成本——保和丸　　420

借：制造费用　　210

借：管理费用——福利费　　350

　贷：应付职工薪酬——职工福利　　2100

（三）固定资产折旧的核算

固定资产是工业企业重要的劳动资料，其最大的特点是单位价值较高、使用期限较长（但是有限的）。其服务潜力随着使用年限而逐渐消失。固定资产在使用过程中逐渐磨损的价值称为固定资产折旧。固定资产折旧属于生产过程的生产耗费，应从产品的销售收入中得到补偿。企业应按照固定资产原值和核定的折旧率按月计算折旧费用（固定资产折旧计算的具体方法在专业会计中讲述）。工业企业的固定资产按经济用途可分为两大类，即生产经营用固定资产和非生产经营用固定资产。生产经营用固定资产指直接参加企业生产过程或直接服务于生产经营过程的固定资产。包括车间厂房、动力设备、机器设备、工具、仪器及生产工具、运输设备等固定资产。非生产经营用固定资产是指用于非生产经营方面的职工住宅、学校、幼儿园、食堂等固定资产。生产经营用固定资产的折旧费属于生产产品的间接费用，应列入制造费用账户，非生产经营用固定资产的折旧费属于期间费用，应列入管理费用账户。

为了反映和监督企业固定资产折旧的计提情况设置“累计折旧”账户，如表3-26所示。

【例3-19】 上月末固定资产原值120万元，按0.6%的折旧率计提本月固定资产折旧费7200元，其中：车间用固定资产4000元，行政管理部门用固定资产3200元。

借：制造费用　　4000

借：管理费用　　3200

　贷：累计折旧　　7200

（四）费用的核算

企业在生产经营过程中发生的费用较多，每项费用发生后，一般都需要以货币资金来支付，但费用的发生和费用支付的时间有时一致、有时不一致，大致归纳为三种情况。

① 本期支付属于本期负担的费用。如，现金支付办公费；以银行存款支付业务招待费等业务。这些费用的发生和费用的支付时间是一致的。

② 本期支付不属于本期全部负担、而应由以后各期负担的费用。如：本年度末支付下年度报纸杂志费；元月份支付全年房屋租金等业务，这些费用的实际发生和费用的支付时间是不一致的，也就是说，费用的支付时间在本期，但费用的实际发生在以后各期，应由后期负担。可直接记入“预付款项”账户的借方，以后各期摊销时记“预付款项”账户的贷方。

③ 本期并未实际支付费用金额，但本期却实际发生了一些费用。如：2009年9月1日从银行借入期限半年的借款，到期还本付息，月末时应计算应负担此笔借款当月的利息费用（当月末只核算不实际支付），支付时间却在后期还款日（2010年2月末）。这种业务说明费用的发生和费用的支付时间不一致，即费用的发生在前期，支付时间在后期。出现这种情况时可直接记入“应付利息”账户的贷方，到期实际支付利息时记本账户借方。

【例3-20】 企业用银行存款1200元支付下季度报纸杂志费。

借：预付账款　　1200

贷：银行存款　　　　　　　　　　1200

【例 3-21】 预提应由本月负担的短期借款利息 1690 元。

借：财务费用——利息　　　　　　　　1690

贷：应付利息　　　　　　　　　　1690

【例 3-22】 摊销应由本月负担的车间用设备的预付租金 1300 元。

借：制造费用　　　　　　　　　　1300

贷：预付账款　　　　　　　　　　1300

（五）制造费用的归集和分配

制造费用是产品成本项目的组成部分。月末应将本月发生的并逐一记入“制造费用”账户的费用数额进行归集，从“制造费用”账户的贷方转入“生产成本”账户借方。如制造费用是为生产一种产品发生的，则全部转入该种产品生产成本明细账户；如制造费用是为生产多种产品而发生的，则要按一定标准，将制造费用在多种产品之间进行分配，然后转入各种产品生产成本明细账。分配的标准一般有：按生产工人工资比例分配，按生产工人工时比例分配，按机器工时比例分配等。在实际工作中，一般选择按生产工人工资比例分配制造费用的较多。企业在选择分配标准时，应结合本企业的具体情况，选择分配方法。

先计算制造费用分配率，其计算公式如下：

$$\text{制造费用分配率}=\frac{\text{制造费用总额}}{\text{生产工人的工资总额}}\times 100\%$$

再计算某种产品应分摊的制造费用，其计算公式如下：

某种产品应分摊的制造费用＝该产品生产工人的工资总额×制造费用分配率

【例 3-23】 将本月发生的制造费用 7660 元分配记入维 C 银翘片和保和丸两种产品的生产成本。

$$\text{制造费用分配率}=\frac{\text{制造费用总额}}{\text{生产工人的工资总额}}\times 100\%$$

$$=\frac{7660}{8000+3000}\times 100\%=69.636\%$$

维 C 银翘片应承担的制造费用 8000×0.69636＝5571（元）

保和丸药品应承担的制造费用 3000×0.69636＝2089（元）

借：生产成本——维 C 银翘片　　　　5571

借：生产成本——保和丸　　　　　　2089

贷：制造费用　　　　　　　　　　7660

（六）生产成本的计算和结转

产品生产成本的计算，就是按产品的品种，归集分配在生产过程中发生的各项生产费用，计算产品的总成本和单位成本，为制造产品发生的各项生产费用是在生产成本明细账中归集的。生产成本明细账按成本项目设置，把为制造各种产品发生的直接材料、直接工资、其他直接费用和制造费用在各生产成本明细账中逐一登记，月末归集后，根据完工产品入库资料记录和一定成本计算方法计算出完工产品成本，从生产成本明细账贷方转出，生产成本明细账借方余额则为该产品的在生产产品成本。

【例 3-24】 结转本月完工入库商品的生产成本。其中维 C 银翘片 300 件，实际生产成本 73691 元，保和丸 150 件，实际生产成本 24709，以上两种产品均为本月投产，并于月末全部完工验收入库。

借：库存商品——维C银翘片　　　　73691

借：库存商品——保和丸　　　　　24709

　贷：生产成本——维C银翘片　　　　73691

　贷：生产成本——保和丸　　　　　24709

以上生产过程经济业务的总分类核算如表3-29所示。

表3-29　总分类核算

生产成本

借方		贷方	
⑬	77300	㉓	98400
⑭	900		
⑮	11000		
⑱	1540		
㉓	7660		

制造费用

借方		贷方	
⑬	300	㉓	7660
⑭	350		
⑮	1500		
⑱	210		
⑲	4000		
㉒	1300		

管理费用

借方		贷方	
⑬	165		
⑭	250		
⑮	2500		
⑱	350		
⑲	3200		

原材料

借方		贷方	
期初余额×××		⑬	77765

应付账款

借方		贷方	
		⑭	1500

应付职工薪酬

借方		贷方	
		期初余额×××	
⑰	15000	⑮	17100

预付账款

借方		贷方	
期初余额×××			
⑳	1200	㉒	1300

银行存款

借方		贷方	
期初余额×××		⑯	15000
		⑳	1200

财务费用

借方		贷方	
期初余额×××			
⑳	1690		

应付利息

借方		贷方	
		期初余额×××	
		㉑	1690

库存商品

借方		贷方	
㉑	98400		

各种产品生产成本的核算与计算，通过登记“生产成本”明细账进行。如表3-30～表3-32所示。

表 3-30　生产成本明细账（一）

产品名称：维 C 银翘片　　　　第　页

××年		凭证号数	摘　要	借　方					贷方	借或贷	余额
月	日			直接材料	燃料动力	直接人工	制造费用	合计			
略	略	⑬	领用材料	58500				58500		借	58500
		⑮	耗用电费		500			500		借	59000
		⑯	生产工人工资			8000		8000		借	67000
		⑱	生产工人福利费			1120		1120		借	68120
		㉓	分配制造费用				5571	5571		借	73691
		㉔	结转生产成本						73691	平	0

表 3-31　生产成本明细账（二）

产品名称：保和丸　　　　第　页

××年		凭证号数	摘　要	借　方					贷方	借或贷	余额
月	日			直接材料	燃料动力	直接人工	制造费用	合计			
略	略	⑬	领用材料	18800				18800		借	18800
		⑭	耗用电费		400			400		借	19200
		⑮	生产工人工资			3000		3000		借	22200
		⑱	生产工人福利费			420		420		借	22620
		㉓	分配制造费用				2089	2089		借	24709
		㉔	结转生产成本						24709	平	0

表 3-32　产品生产成本计算表

2009 年 05 月 09 日　　　　金额单位：元

成本项目	维 C 银翘片		保和丸	
	总成本(300 件)	单位成本(件)	总成本(150 件)	单位成本(件)
原材料	58500	195	18800	125.33
燃料及动力	500	1.67	400	2.67
工资及福利费	9120	30.40	3420	22.80
制造费用	5571	18.57	2089	13.93
合计	73691	245.64	24709	164.73

第五节　销售过程的核算

一、销售过程的主要经济业务概述

销售过程是生产企业将验收入库的产成品投放市场销售出去，并取得销售收入的过程。在这一过程中发生的主要经济业务，以货币资金等形式取得销售收入和增值税的销项税额，付出产成品并计算和结转其商品的销售成本，支付各种销售费用。企业在销售过程中能够取得销售收入，是因为付出了一定数量的库存商品。被售出的库存商品的实际制造成本就转化为主营业务成本。主营业务成本是指已售出商品的制造成本（生产成本）。企业为了销售商品，也必然会发生包装、运输、广告等费用。企业在销售商品和提供劳务等过程中所发生的各项费用以及专设销售机构的各项经费，称之为“销售费用”。

二、销售业务核算的账户设置

为了全面地核算企业在销售过程中发生的各项经济业务，应设置下列主要账户。

1. “主营业务收入”账户

该账户属损益类账户，用于核算企业销售商品获得的收入，核算内容及其结构如表3-33所示。本账户应按商品类别设置明细账。

表3-33 “主营业务收入”账户

借方　　　　主营业务收入	贷方
期末核算将本期贷方实现的销售收入全部转入“本年利润”账户的贷方数额	核算企业销售商品实现的收入数额
	期末结转后应无余额

2. “主营业务成本”账户

本账户属于损益类的账户，用于核算已销售商品的销售成本（即生产成本或外购商品的进价成本）。该账户的核算内容及其结构，如表3-34所示。本账户应按商品类别设置明细账。

表3-34 “主营业务成本”账户

借方　　　　主营业务成本	贷方
结转已销售商品的销售成本的数额	期末将本期已销商品的销售成本全部转入“本年利润”账户的数额
期末结转后应无余额	

3. “销售费用”账户

本账户属于损益类账户，用于核算企业在产品销售过程中所发生的各种费用，包括运输费、装卸费、包装费、保险费等。该账户的核算内容及其结构如表3-35所示。本账户应按费用项目设置明细账。

表3-35 “销售费用”账户

借方　　　　销售费用	贷方
记入商品销售过程中发生的各种费用的数额	期末将借方记入的销售费用合计全部转入“本年利润”账户的数额
结转后期末应无余额	

4. “营业税金及附加”账户

该账户属损益类账户，用来核算应由销售商品、提供劳务等负担的销售税金及附加，包括消费税、营业税、城市维护建设税、教育费附加等。该账户的核算内容及其结构如表3-36所示。

表3-36 “营业税金及附加”账户

借方　　　　营业税金及附加	贷方
按规定税率计算本期应负担的营业税、消费税、城建税及附加费等税费	期末将借方合计数全部转入“本年利润”账户的数额
期末结转后无余额	

5. “应收账款”账户

该账户是资产类账户，用来核算企业因销售商品、材料、提供劳务等业务，应向购货单位或接受劳务单位收取的款项，该账户按不同的债务人设置明细账，进行明细核算。该账户的核算内容及其结构如表3-37所示。

表3-37 “应收账款”账户

借方 应收账款	贷方
期初余额：××× 企业销售商品或提供劳务应收外单位收取的销货款等欠款	核算实际收到债务单位归还的欠款数额
期末余额：尚未收回的应收款	

6. “应收票据”账户

该账户是资产类账户，用来核算企业因销售商品而收到已承兑的商业汇票，包括商业承兑汇票和银行承兑汇票。该账户核算内容及其结构如表3-38所示。

表3-38 “应收票据”账户

借方 应收票据	贷方
期初余额：××× 企业收到已承兑的商业汇票的票面金额	到期结算已兑现商业汇票的票面金额
期末余额：尚未到期商业汇票的票面金额	

7. “应交税费”账户

该账户是负债类账户，用来核算企业应缴纳的各种税金，如增值税、消费税、所得税、教育费附加等。该账户按不同税种设置明细账进行明细核算，该账户核算内容及其结构，如表3-39所示。

表3-39 “应交税费”账户

借方 应交税费	贷方
实际交纳的各种税费和购进商品时应支付的增值税（进项税额）等	按规定的税率计算应交纳的各种税费和销售商品应收取的增值税（销项税额）等
期末余额：多交或待抵扣的增值税（进项税额）部分	期末余额：应未交纳的各种税费

三、销售过程主要经济业务的核算举例

【例3-25】 本企业向外地人民医院销售维C银翘片50件，增值税专用发票列单价390元，计19500元，增值税3315元。价税合计22815元，均未收回。

该笔业务的发生，表明销售维C银翘片货款尚未收回，应记入“应收账款”账户，形成企业对购货方的债权；销售产品，使企业销售收入增加，应记入“主营业务收入”账户贷方，增值税（销项税额）应记入“应交税费——应交增值税”账户贷方。作会计分录如下。

借：应收账款——人民医院　　22815
　贷：主营业务收入　　19500
　贷：应交税费——应交增值税——销项税额　　3315

【例3-26】 本企业向本地省医药公司销售维C银翘片160件，增值税专用发票列单价

390 元，计 62400 元，增值税 10608 元；销售保和丸 80 件，增值税专用发票列单价 196 元，计 15680 元，增值税 2665.6 元。货款与税款合计 91353.6 元收回并存入银行，附原始凭证，如表 3-40 和表 3-41 所示。

该业务的发生，表明企业销售维 C 银翘片和保和丸使企业销售收入增加 78080 元，应记入“主营业务收入”账户贷方，增值税（销项税额）合计 13273.6 元，应记入“应交税费——应交增值税”账户贷方，款项全部收回，应记入“银行存款”账户借方，作会计分录如下。

借：银行存款　　91353.60

　贷：主营业务收入　　78080.00

　贷：应交税费——应交增值税（销项税额）　　13273.60

表 3-40　原始凭证——增值税专用发票

×××省增值税专用发票

晋 I 96

发　票　联

开票日期：2009 年 5 月 16 日　　No. 6591002

购货单位	名称	某省医药公司	纳税人登记号	14010279704366
	地址、电话	民航路 19 号	开户银行及账号	工行静安支行 267-03012345

商品或劳务名称	计量单位	数量	单位	金额 十	万	千	百	十	元	角	分	税率(%)	税额 十	万	千	百	十	元	角	分
银翘片	件	160	390	¥	6	2	4	0	0	0	0	17	¥	1	0	6	0	8	0	0
保和丸	件	80	196		1	5	6	8	0	0	0				2	6	6	5	6	0
合计				¥	7	8	0	8	0	0	0		¥	1	3	2	7	3	6	0
价税合计(大写)	玖万壹仟叁佰伍拾叁元陆角整																			

销货单位	名称	长安中药厂	纳税人登记	
	地址、电话	余姚市人民路 761 号 3128902	开户银行及账号	

第四联 发票联 销货方记账

表 3-41　原始凭证——进账单

中国工商银行太原市（建行）进账单（收款通知）

科目：　　2009 年 05 月 23 日　　对方科目　①

付款人	全称	某省医药公司	收款人	全称	本企业
	账号			账号	

人民币（大写）	百	十	万	千	百	十	元	角	分
玖万壹仟叁佰伍拾叁元陆角整		¥	9	1	3	5	3	6	0

托收票据目录第 1 页	共　页	票据种类	金额 十	万	千	百	十	元	角	分	
付款单位账号	凭证号码										（收款银行盖章）
507-00001111			¥								

此联由银行盖章退回单位

(1) 解入票据须俟收妥后方可用款

(2) 本联于款项收妥后代收账通知

【例 3-27】 向本市京都药店销售保和丸 10 件，增值税专用发票上列单价 196 元，计 1960 元，增值税 333.20 元，货款与税款共计 2293.20 元，以商业承兑汇票抵付，期限 2 个月。

该项业务的发生，表明销售保和丸货款与税款 2293.20 元，以商业承兑汇票抵付，应记入“应收票据”账户借方，销售收入 1960 元，应记入“主营业务收入”账户贷方，增值税销项税额为 333.20 元，应记入“应交税费——应交增值税”账户贷方。

借：应收票据——商业承兑汇票　　2293.2
　贷：主营业务收入　　1960
　贷：应交税费——应交增值税（销项税额）　　333.2

【例 3-28】 以银行存款支付商品广告费 2000 元。

该项业务表明商品广告费的发生，属于销售费用，应记入“销售费用”账户借方，以银行存款支付，应记入“银行存款”账户贷方。

借：销售费用　　2000
　贷：银行存款　　2000

【例 3-29】 收到外地人民医院寄来银行汇票一张，金额 22815 元，归还前欠货款与税款。

借：银行存款　　22815
　贷：应收账款——人民医院　　22815

【例 3-30】 企业用现金支付销售维 C 银翘片和保和丸的运费 200 元。

借：销售费用　　200
　贷：库存现金　　200

【例 3-31】 月末结转本月已销，维 C 银翘片 210 件，生产成本 51584.4 元；保和丸 90 件，生产成本 14825.7 元，两种商品的生产成本总计 66410.1 元。

该项业务表明，一方面结转已销售商品的实际生产成本，应记入“主营业务成本”账户的借方；另一方面销售两种商品使库存维 C 银翘片和保和丸减少，应记入“库存商品”账户贷方。

借：主营业务成本——维 C 银翘片　　51584.40
借：主营业务成本——保和丸　　14825.70
　贷：库存商品——维 C 银翘片　　51584.40
　贷：库存商品——保和丸　　14825.70

【例 3-32】 月末经计算已销商品应缴纳的城市维护建设税为 185 元。

该项业务表明，本月的城市维护建设税增加，应记入“营业税金及附加”账户借方，月末计算出应交税金后，应于下月初上缴，所以暂记入“应交税费”账户的贷方。

借：营业税金及附加　　185
　贷：应交税费——城市维护建设税　　185

【例 3-33】 以银行存款支付上月应交的增值税 2457 元，应交的城建税 185 元。

该项业务表明一方面企业实际上缴税金，应记入“应交税费”账户借方，另一方面以银行存款支付，应记入“银行存款”账户贷方。

借：应交税费——应交增值税　　2457
借：应交税费——城市维护建设税　　185
　贷：银行存款　　2642

上述销售过程经济业务的总分类核算，见表 3-42。

表 3-42 总分类核算

借方 应收账款	贷方
期初余额×××	
㉕ 22815	㉙ 22815

借方 主营业务收入	贷方
	㉕ 19500
	㉖ 78080
	㉗ 1960

借方 应交税费	贷方
	期初余额×××
	㉕ 3315.00
	㉖ 13273.60
㉝ 2642	㉗ 333.20
	㉜ 185.00

借方 银行存款	贷方
㉖ 91353.60	㉘ 2000
㉙ 22815.00	㉝ 2642

借方 应收票据	贷方
期初余额×××	
㉗ 2293.20	

借方 销售费用	贷方
㉘ 2000	
㉚ 200	

借方 库存现金	贷方
期初余额×××	
	㉚ 200

借方 主营业务成本	贷方
㉛ 66410.10	

借方 营业税金及附加	贷方
㉜ 185	

第六节 利润及利润分配的核算

一、利润形成的核算

利润是指企业在一定会计期间的经营成果，包括营业利润、利润总额和净利润。

企业作为独立的经济实体，应当以自己的经营收入抵补其支出，并为投资人提供一定的投资收益。因此，企业应努力增加利润，这既是企业发展的目标，又是企业持续经营的重要基础。

(一) 企业利润的计算

公式如下：

营业利润＝营业收入－营业成本－营业税金及附加－销售费用－管理费用－财务费用＋投资收益

其中：营业收入＝主营业务收入＋其他业务收入

营业成本＝主营业务成本＋其他业务成本

利润总额＝营业利润＋营业外收入－营业外支出

净利润＝利润总额－所得税费用

公式中的其他业务收入，是指主营业务之外的其他销售或其他业务收入，如出售材料物资、出租固定资产或包装物、无形资产转让等所取得的收入，以及运输业务等非工业性的劳务收入。

其他业务成本，是指主营业务以外因其他销售或其他业务而发生的成本，包括主营业务成本以外的其他销售成本、提供劳务而发生的相关成本、费用，以及营业税金及附加等。

销售费用，企业销售商品过程中发生的各项费用，包括运输费、装卸费、展览广告费等费用。

管理费用，是指企业行政管理部门，为组织和管理生产经营活动所发生的各项费用，包括职工工资、福利费、折旧费、修理费、办公费、差旅费、业务招待费、印花税、房产税、技术转让费等。

财务费用，是指企业为筹集生产经营资金等而发生的各项费用，包括利息支出（减利息收入）、汇兑损失（减汇兑收益）以及金融机构手续费等。

营业外收入，是指与企业生产经营无直接关系的各项收入，如固定资产盘盈，处理固定资产净收益，因债权人原因无法支付的应付款项等。

营业外支出，是指与企业生产经营无直接关系的各项支出。如固定资产盘亏，处理固定资产净损失、非常损失、非正常停工损失等。

投资收益，是指企业以各种形式对外投资所取得的净收益。其内容包括：企业分得的利润、债券利息收入、股票的股利以及收回投资所发生的收益等，减去投资损失后的余额。

（二）利润形成核算的账户设置

对于上述各种收入、支出与费用的发生，均应分别设置账户，正确、及时地予以反映。这些账户的记录，都是利润核算的重要依据。

1.“本年利润”账户

利润是通过生产经营活动而在企业内部形成的新增的所有者权益，所以该账户属于所有者权益类账户，是专门用于核算当年实现利润（或亏损）总额的账户。它的贷方登记月末从“主营业务收入”、“其他业务收入”、“营业外收入”、“投资收益”等账户的借方转入本账户贷方的数额；借方登记月末从“主营业务成本”、“销售费用”、“营业税金及附加”、“管理费用”、“财务费用”、“其他业务成本”、“营业外支出”等账户的贷方转入本账户借方的数额。期末结转“本年利润”账户后，通过借贷计算如果余额在贷方，表明企业实现的利润，在借方则表明亏损。年度终了，企业还应将“本年利润”账户中的利润或亏损总额，再全部转入“利润分配”账户，结转后“本年利润”账户将无余额。如表 3-43 所示。

表 3-43 “本年利润”账户

借方　　　　本年利润　　　　贷方

借方	贷方
主营业务成本	主营业务收入
销售费用	其他业务收入
营业税金及附加	营业外收入
管理费用	投资收益
财务费用	
其他业务成本	
投资损失	
所得税费用	
期末余额：表示发生的亏损总额	期末余额：表示实现的利润

2. “营业外收入”账户

本账户属于损益类账户，用来核算企业发生的与企业生产经营活动无直接关系的各项收入。该账户的核算内容及其结构，如表 3-44 所示。本账户一般不设明细账。

表 3-44 “营业外收入”账户

借方 营业外收入	贷方
期末将贷方合计全部转入“本年利润”账户之数	核算各项营业外收入发生之数
	期末结转后将无余额

3. “营业外支出”账户

本账户属于损益类账户，用来核算企业发生的与企业生产经营无直接关系的各项支出。该账户的核算内容及其结构，如表 3-45 所示。本账户一般不设明细账。

表 3-45 “营业外支出”账户

借方 营业外支出	贷方
核算各项营业外支出发生之数	期末将借方合计全部转入“本年利润”账户之数
	结转后期末无余额

4. “其他业务收入”账户

本账户属于损益类账户，用于核算除主营业务收入以外的其他销售或其他业务收入，如销售材料、包装物出租等收入。该账户的核算内容及其结构如表 3-46 所示。

表 3-46 “其他业务收入”账户

借方 其他业务收入	贷方
期末将贷方合计全部转入“本年利润”账户之数	核算除主营业务以外的其他营业收入
	结转后期末无余额

5. “其他业务成本”账户

本账户属于损益类账户，用于核算企业除主营业务成本以外的其他销售或其他业务所发生的成本，包括销售材料、提供劳务而发生的相关成本、税金等。该账户的核算内容及其结构如表 3-47 所示。

表 3-47 “其他业务成本”账户

借方 其他业务成本	贷方
记录除主营业务以外的其他销售成本、税金等	期末将借方合计全部转入“本年利润”账户之数
	结转后期末无余额

6. “所得税费用”账户

本账户属于损益类账户，用于核算企业按规定从当期实现的利润总额中计算扣除的所得税费。该账户的核算内容及其结构，如表 3-48 所示。本账户不设明细账。

表 3-48 “所得税费用”账户

借方 所得税费用	贷方
核算按规定的所得税率计算出应缴的所得税费用	期末将本账户借方数全部转入“本年利润”账户的数额
	结转后期末无余额

（三）利润形成业务的核算举例

生物制药厂 2009 年 12 月发生有关业务如下。

【例 3-34】 将库存的闲置包装物出售，收入 820 元存入银行。

包装物是用来盛装药品的物品，不属于商品。销售多余的包装物取得的收入不属于商品销售收入，而应作为其他销售收入，记入“其他业务收入”账户的贷方；收到的款项存入银行后，记入“银行存款”账户的借方。编制会计分录如下。

借：银行存款　　　　　　　　820

　贷：其他业务收入　　　　　　　820

【例 3-35】 上项出售的包装物账面实际成本为 421 元，结转销售成本。

这是一项结转其他销售业务成本的账务。库存包装物售出后，包装物的账面价值转化为销售成本，一方面记入“其他业务成本”账户的借方，另一方面记入“周转材料——包装物”账户的贷方。编制结转的会计分录如下。

借：其他业务成本　　　　　　421

　贷：周转材料——包装物　　　　421

【例 3-36】 因销售产品出租给某市医药公司包装物一批，对方逾期未归还，按规定没收其押金，原收取包装物押金 350 元，包装物账面价值 320 元。

出租包装物收取的押金是通过“其他应付款”账户核算的。若租用单位逾期未退还包装物，按规定没收其押金，将大于包装物价值的没收押金作为企业的营业外收入，记入“营业外收入”账户的贷方，同时冲减“其他应付款”，记入该账户的借方。编制会计分录如下。

借：其他应付款——某市医药公司　　350

　贷：营业外收入　　　　　　　　30

　贷：周转材料——包装物　　　　320

【例 3-37】 月末对原材料仓库进行盘点，发现白术一批计 1200 元受潮霉变，失去效用，经批准列入“营业外支出”。

库存原材料因受自然灾害等非常原因发生损失，按照制度规定确认为营业外支出，列入“营业外支出”账户的借方，同时冲销原材料的库存价值，记入“原材料”账户贷方。编制会计分录如下。

借：营业外支出　　　　　　　1200

　贷：原材料——白术　　　　　　1200

上述利润的形成过程进行总分类核算，如表 3-49 所示。

【例 3-38】 月末将本期损益类账户（不包括“所得税费用”）发生净额结转入“本年利润”账户核算利润总额。各损益类账户的本期发生额参见表 3-42 和表 3-49。

主营业务收入（贷方）　99540.00

其他业务收入（贷方）　820.00

营业外收入（贷方）　30.00

主营业务成本（借方）　66410.10

营业税金及附加（借方）　185.00

销售费用（借方）　2200.00

其他业务成本（借方）　421.00

管理费用（借方）　6465.00

财务费用（借方）　1690.00

营业外支出（借方）　1200.00

表 3-49　总分类核算

其他业务收入

借方	贷方
	㉞　820

银行存款

借方	贷方
期初余额×××	
㉞　820	

其他业务成本

	贷方
㉟　421	

周转材料

借方	贷方
期初余额×××	㉟　421
	㊱　320

其他应付款

借方	贷方
㊱　350	期初余额×××

原材料

借方	贷方
期初余额×××	㊲　1200

营业外收入

借方	贷方
	㊱　30

营业外支出

借方	贷方
㊲　1200	

结转各收入类账户的发生额，应记入“本年利润”账户的贷方，同时应记入各收入类账户的借方。

借：主营业务收入　　99540.00
借：其他业务收入　　820.00
借：营业外收入　　30.00
　贷：本年利润　　100390.00

结转支出类账户的发生额，应记入“本年利润”账户的借方，同时应记入各支出类账户的贷方。

同时　借：本年利润　　78571.10
　　贷：主营业务成本　　66410.10
　　贷：营业税金及附加　　185.00
　　贷：销售费用　　2200.00
　　贷：其他业务成本　　421.00
　　贷：管理费用　　6465.00
　　贷：财务费用　　1690.00
　　贷：营业外支出　　1200.00

经过以上账户处理，本期内企业的生产经营成果（利润或亏损总额）便可通过“本年利润”账户集中得到反映。该企业本期的利润总额计算如下：

营业利润＝(99540＋820)－(66410.1＋421)－185－2200－6465－1690＝22988.9（元）

利润总额＝22988.9＋30－1200＝21818.9（元）

所得税及净利润形成的核算

企业一定时期实现的利润总额，应依法向国家缴纳所得税。缴纳所得税后的利润，在会计上称为净利。其计算公式如下：

净利润＝利润总额－所得税费用

【例 3-39】 期末计算并结转本期应缴所得税。本期实现的利润总额 21818.9 元（无税前调整项目），所得税率为 25%。

应交所得税额＝21818.9×25%＝5454.73（元）

结转应缴所得税，应记入“所得税费用”账户的借方。同时，税金在未上缴之前，形成企业的负债，应记入“应交税费”账户的贷方。

借：所得税费用　　　　　　　　　　5454.73

　贷：应交税费——应交所得税　　　　　　5454.73

同时，将“所得税费用”账户余额结转到“本年利润”账户借方。

借：本年利润　　　　　　　　　　　5454.73

　贷：所得税费用　　　　　　　　　　　　5454.73

经过以上账务处理，月份内企业实现的净利润便可通过“本年利润”账户核算出结果，该企业本期净利润的计算如下

净利润＝利润总额－所得税＝21818.9－5454.73＝16364.17（元）

利润形成过程的总分类核算如表 3-50 所示。

表 3-50　利润形成过程的总分类核算

借方　本年利润	贷方
本期支出总额　78571.10	本期收入总额　100390.00
	期末利润总额　21818.90
所得税费　5454.73	
	期末净　16364.17

二、利润分配的核算

（一）利润分配的顺序

企业实现利润后，必须按一定程序对税后利润进行分配，企业缴纳所得税后的利润一般按下列顺序进行分配：

① 弥补以前年度亏损；

② 提取法定盈余公积金，法定盈余公积金按照税后利润扣除前项后的 10%提取；

③ 向投资者分配利润。

可供投资者分配的利润，按下列顺序分配。

① 应付优先股股利：是指企业按照利润分配方案分配给优先股股东的现金股利。

② 提取任意盈余公积：是指企业按规定提取的任意盈余公积金。

③ 应付普通股股利：是指企业按照利润分配方案分配给普通股股东的现金股利。企业分配给投资者的利润，也在本项目核算。

④ 转作资本（或股本）的普通股股利：是指企业按照利润分配方案以分派股票股利的形式转作的资本（或股本）。企业以利润转增的资本，也在本项目核算。

（二）利润分配应设置的账户

企业每期的净利润经过分配后，净利润也就减少了。但是，为了使“本年利润”账户连续地、完整地反映全年累计实现净利润总额，检查利润计划的完成情况，分配的净利润不记入“本年利润”账户的借方，通过设置“利润分配”账户，记入该账户的借方，以提供管理

所需要的核算指标。

1. “利润分配”账户

该账户是所有者权益类账户，用来核算企业净利润的分配（或亏损的弥补）和历年分配（或弥初）后的结存余额。该账户应设置“提取盈余公积”、“应付股利”和“未分配利润”等明细账户。它的借方登记提取盈余公积金和应付股利数额。年度终了，企业将本年实现的利润总额自“本年利润”账户借方，转入“利润分配——未分配利润”明细科目的贷方。如为亏损，作相反的会计分录。同时，将该账户下的其他明细账户余额转入“利润分配——未分配利润”账户的借方。结转后“未分配利润”明细账户的借方余额为未弥补的亏损，贷方余额为未分配的净利润，该账户的其他明细账户与“本年利润”账户一样，在年终结转后均应无余额，该账户核算内容及其结构如表 3-51 所示。

表 3-51 “利润分配”账户

借方　　　　利润分配	贷方
①企业将实现的净利润按规定的程序分配之数 ②年终将“本年利润”账户的借方余额（亏损数）转入之数	①已弥补亏损的数额 ②年终将“本年利润”账户的贷方余额（实现的利润）转入之数
期末余额：未弥补的亏损	期末余额：未分配的利润

为了全面核算和监督利润分配业务，除设置“利润分配”账户外，还需设置“盈余公积”、“应付股利”等账户进行核算。

2. “盈余公积”账户

本账户是所有者权益类账户，用来核算企业从利润中提取的盈余公积金。核算内容及其结构如表 3-52 所示。

表 3-52 “盈余公积”账户

借方　　　　盈余公积	贷方
按规定转增资本金或弥补亏损	期初余额××× 提取盈余公积金的数额
	期末余额：盈余公积金结余数额

3. “应付股利”账户

本账户是负债类账户，用来核算企业应付给投资者的利润，包括应付国家和其他单位以及个人的投资利润。核算内容及其结构如表 3-53 所示。该账户应按投资者设置明细账，进行明细分类核算。

表 3-53 “应付股利”账户

借方　　　　应付股利	贷方
核算实际支付给投资者、合作者股利数额	①应付给投资者的股利（包括应付给国家、其他单位及个人的投资股利数额） ②企业与其他单位或个人的合作项目，按协议规定应支付的股利数额
	期末余额：尚未支付的股利

（三）利润分配的核算

【例 3-40】 企业研究决定，按净利润 16364.17 元的 10%提取盈余公积金。

应提取盈余公积＝16364.17×10%＝1636.42（元）

提取盈余公积，使企业的利润减少，应记入“利润分配”账户的借方。同时，企业的盈余公积金增加，应记入“盈余公积”账户的贷方。

借：利润分配——提取盈余公积　　1636.42

　贷：盈余公积——法定盈余公积金　　1636.42

【例 3-41】 经企业研究决定，从本期实现的利润中分配给投资者股利 9000 元，予以结转。

结转应付投资者股利，使企业的利润减少，应记入“利润分配——应付股利”账户的借方。同时，利润在未支付给投资者之前，形成企业的负债，应记入“应付股利”账户的贷方。

借：利润分配——应付股利　　9000

　贷：应付股利　　9000

【例 3-42】 年度终了，将“本年利润”账户贷方余额转入“利润分配——未分配利润”账户，如表 3-50 所示“本年利润”贷方余额 16364.17 元。

结转本年实现的净利润，一方面应记入“本年利润”账户的借方，另一方面应记入“利润分配——未分配利润”账户的贷方。

借：本年利润　　16364.17

　贷：利润分配——未分配利润　　16364.17

【例 3-43】 将“利润分配”有关明细账户借方余额结转入“利润分配——未分配利润”明细账户。

结转本年已分配净利润，一方面应记入“利润分配”有关明细账户的贷方，另一方面应记入“利润分配——未分配利润”账户的借方。

借：利润分配——未分配利润　　10636.42

　贷：利润分配——提取盈余公积　　1636.42

　贷：利润分配——应付股利　　9000.00

以上利润分配经济业务的总分类核算，如表 3-54 所示。

表 3-54　利润分配经济业务的总分类核算

借方	利润分配——提取盈余公积	贷方
㊵ 1636.42		㊸ 1636.42

借方	盈余公积	贷方
		㊵ 1636.42

借方	利润分配——应付股利	贷方
㊶ 9000		㊸ 9000

借方	应付股利	贷方
		㊶ 9000

借方	利润分配——未分配利润	贷方
㊸ 10636.42		㊷ 16364.17

借方	本年利润	贷方
㊷ 16364.17		㊴ 16364.17

第七节　资金退出企业的核算

企业为了不断扩大经营规模，满足不断经济增长的需要，一部分资金从企业资金循环过程中游离出来，退出企业的生产经营过程，以满足社会其他方面的需要，这是企业生产经营的根本目的。一般资金退出企业的主要内容有：上缴税金、向投资者支付股利、偿还银行借款和其他企业的欠款，支付职工福利费、退出投入资本等。

一、缴纳税金的核算

【例 3-44】 企业将应交增值税 2643 元，城建税 185 元，所得税 7200.24 元，通过银行上缴国库。

交纳税金时，使企业的负债减少，应记入“应交税费”账户的借方。同时，以银行存款支付，应记入“银行存款”账户的贷方。

借：应交税费——应交增值税　　2643.00
借：应交税费——应交城市维护建设税　　185.00
借：应交税费——应交所得税　　7200.24
　贷：银行存款　　10028.24

二、向投资者支付股利的核算

【例 3-45】 企业向投资者分配股利 9000 元，其中银行存款付出 6000 元，现金付出 3000 元。

支付投资者股利，使企业的负债减少，应记入“应付股利”账户的借方，同时，分别以银行存款和现金支付，应记入“银行存款”账户、“库存现金”账户的贷方。

借：应付股利　　9000
　贷：银行存款　　6000
　贷：库存现金　　3000

三、归还银行借款的核算

【例 3-46】 企业以银行存款 60000 元，归还银行短期借款，并支付短期借款利息 1690 元。

支付短期借款本金和利息，使企业的负债减少，应分别记入“短期借款”和“应付利息”账户的借方。同时以银行存款支付，应记入“银行存款”账户的贷方。

借：短期借款　　60000
借：应付利息　　1690
　贷：银行存款　　61690

四、支付应付账款的核算

【例 3-47】 归还前欠本市医药公司货款 92600 元，用转账支票付讫。

支付原欠货款，使企业负债减少应记入“应付账款”账户的借方，以“银行存款”支付，应记入“银行存款”账户的贷方。

借：应付账款——市医药公司　　92600
　贷：银行存款　　92600

五、支付职工福利费的核算

【例 3-48】 以现金支付职工生活困难补助费 500 元，报销职工医药费 300 元。

支付职工生活困难补助及报销医药费，使企业负债减少，应记入“应付职工薪酬”账户的借方，同时，以现金支付，应记入“库存现金”账户的贷方。

借：应付职工薪酬　　　　　　　　　800

　贷：库存现金　　　　　　　　　　　800

六、归还投入资本的核算

【例 3-49】 本企业用银行存款归还某企业原欠款 80000 元。

归还外方投入资本，使企业所有者权益减少，应记入“实收资本”账户的借方。同时，以银行存款支付，应记入“银行存款”账户的贷方。

借：实收资本　　　　　　　　　　80000

　贷：银行存款　　　　　　　　　　80000

以上资金退出企业经济业务的总分类核算，如表 3-55 所示。

表 3-55　资金退出企业经济业务的总分类核算

应交税费

借方	贷方
	期初余额×××
㊹　10028.24	

银行存款

借方	贷方
期初余额×××	㊹　10028.24
	㊺　6000.00
	㊻　61690.00
	㊼　92600.00
	㊾　60000.00

应付股利

借方	贷方
㊺　90000	期初余额×××

库存现金

借方	贷方
期初余额×××	㊺　3000
	㊽　800

短期借款

借方	贷方
㊻　6000	期初余额×××

应付利息

借方	贷方
㊻　1690	期初余额×××

应付职工薪酬

借方	贷方
㊽　800	期初余额×××

【学习检测】

一、问答题

1. 简述工业企业主要经营过程及核算内容。

2. 材料采购成本主要包括哪些内容，材料采购的费用如何在不同材料品种之间进行分配？

3. 生产过程所发生的费用有哪些？什么是成本项目，成本项目包括哪些内容？

4. 销售过程核算的主要内容是什么？

5. 什么是“净利润”？其构成情况如何？怎样对其进行分配？

二、选择题

（一）单项选择

1. 企业生产过程中的期间费用不包括（　　）。

A. 管理费用　　B. 制造费用　　C. 销售费用　　D. 财务费用

2. 企业所实际发生的各项支出和损失是（　　）。

A. 收入　　B. 费用　　C. 支出　　D. 成本

3. 企业收到所有者投入 50 万元货币资金存入银行，应贷记（　　）科目。

A. 银行存款　　B. 实收资本　　C. 长期投资　　D. 交易性金融资产

4. 企业取得六个月借款 20 万元存入银行。下述分录正确的是（　　）。

A. 借：银行存款 20 万　贷：短期借款 20 万

B. 借：银行存款 200000　贷：短期借款 200000

C. 借：短期借款 20000　贷：银行存款 20000

D. 贷：短期借款 200000　借：银行存款 200000

5. 企业购入一批材料，买价 5 万元，另发生运杂费 400 元，材料已经入库，货款以银行存款支付。则原材料的成本是（　　）。

A. 50400　　B. 50000　　C. 400　　D. 54000

6. 企业购入一批材料，买价 15 万元，另发生运费 1000 元，材料已经入库，款未付。应做分录（　　）。

A. 借：原材料 150000　贷：应付账款 150000

B. 借：原材料 151000　贷：应付账款 151000

C. 借：应付账款 150000　贷：原材料 150000

D. 借：应付账款 151000　贷：原材料 151000

7. 企业从银行提取现金 2000 元，应编制的会计分录是（　　）。

A. 借：银行存款 2000　贷：库存现金 2000

B. 贷：库存现金 2000　借：银行存款 2000

C. 借：库存现金 2000　贷：银行存款 2000

D. 贷：银行存款 2000　借：库存现金 2000

8. 若某企业年末“固定资产”账户余额为 350000 元，固定资产净值为 280000 元，不考虑其他因素，则下列表述正确的是（　　）。

A. “累计折旧”年末借方余额为 630000 元

B. “累计折旧”年末贷方余额为 70000 元

C. “累计折旧”年末借方余额为 630000 元

D. “累计折旧”年末借方余额为 70000 元

9. 企业对外销售商品，购货方未支付货款，这项债权应记入（　　）。

A. “应收账款”账户的借方　　B. “应收账款”账户的贷方

C. “应付账款”账户的借方　　D. “应收账款”账户的贷方

10. 以现金 50 元购办公用品，应借记（　　）科目，贷记“库存现金”科目。

A. 制造费用　　B. 管理费用　　C. 生产成本　　D. 销售费用

11. 采购员预借差旅费，企业财会部门以现金付讫，应借记（　　）科目，贷记“库存现金”科目。

A. 其他应付款　　B. 其他应收款　　C. 管理费用　　D. 销售费用

12.“本年利润”账户的借方余额表示（　　）。

A. 本年累计取得的利润总额　　B. 本年累计产生的亏损总额

C. 收入总额　　D. 费用总额

13. 企业本期全部损益状况如下：主营业务收入586000元，主营业务成本467000元，营业税金及附加24000元，管理费用60000元，营业外收入12000元，所得税11000元，则企业本期营业利润为（　　）。

A. 119000元　　B. 95000元　　C. 35000元　　D. 36000元

14. 月末结转已售产品的销售成本90000元，正确会计分录为（　　）。

A. 借：库存商品 90000　贷：生产成本 90000

B. 借：主营业务成本 9000　贷：主营业务收入 90000

C. 借：主营业务成本 9000　贷：库存商品 90000

D. 借：主营业务成本 9000　贷：生产成本 90000

15. 本年应纳所得额（利润总额）为200000，所得税率为25%，正确的分录为（　　）。

A. 借：营业税金及附加 50000　贷：应交税费 50000

B. 借：管理费用 50000　贷：应交税费 50000

C. 借：应交税费 50000　贷：所得税费用 50000

D. 借：所得税费用 500000　贷：应交税费 50000

（二）多项选择题

1. 关于“在途物资”账户，正确的说法是（　　）。

A. 借方登记购入物资的买价和采购费用

B. 贷方登记入库物资的实际成本

C. 借方余额表示未付款、入库的在途物资实际成本

D. 是计算物资采购成本的账户

E. 付款情况

2. 下列属于流动负债的有（　　）。

A. 预收账款　　B. 预付账款　　C. 待摊费用

D. 应付账款　　E. 应收账款

3. 期间费用包括（　　）。

A. 财务费用　　B. 销售费用　　C. 制造费用

D. 管理费用　　E. 所得税费用

4. 下列属于产品制造成本的成本项目有（　　）。

A. 利息费用　　B. 直接工资　　C. 管理费用

D. 制造费用　　E. 直接材料

5. 从仓库领用材料时，可能借记的科目有（　　）。

A. 原材料　　B. 制造费用　　C. 待摊费用

D. 管理费用　　E. 在途材料

6. 在材料采购业务核算时，与“在途物资”账户的借方相对应的账户一般有（　　）。

A. 应付账款　　B. 应付票据　　C. 应收账款

D. 预收账款　　E. 银行存款

7. 债权是企业收取款项的权利，一般包括各种（　　）等。

A. 预付款项　　B. 预收款项　　C. 应交款项

D. 应收款项　　　　E. 所有资产

8. 下列账户，在期末结转利润后，无余额的是（　　）。

A. “所得税费用”　　　　B. “营业税金及附加”

C. “主营业务成本”　　　　D. “应交税费”

E. 管理费用

9. 下列支出直接记入“管理费用”账中借方的是（　　）。

A. 职工报销差旅费　　　　B. 离退休人员工资

C. 广告费　　　　D. 职工子弟学校经费

E. 采购材料的运费

10. 下列表述正确的是（　　）。

A. “本年利润”账户在年度中间有余额

B. “本年利润”账户在年末结转后无余额

C. “利润分配”账户在年度中间可能有借方余额

D. “利润分配”账户在年终可能有借方余额，也可能有贷方余额

E. “本年利润”账户只核算本年度实现的利润，不跨年度使用

三、业务核算

实务训练一

1. 目的　练习资金进入企业和材料采购过程的核算。

2. 要求　根据所给资料编制会计分录，并据以登记有关总分类账户（“T”字账）以及“在途物资”、“原材料”的明细分类账户。

3. 资料

（1）红星制药厂（一般纳税人）6月初有关账户的余额如下：

原材料　　13800元（借方）

其中：黄芩3000kg　单价2.60元　计7800元

柴胡4000kg　单价1.50元　计6000元

银行存款　　153000元（借方）

库存现金　　850元（借方）

应付账款——ABC药材公司　　20000元（贷方）

应交税费——应交增值税　　1000元（贷方）

（2）该厂6月份发生以下经济业务

① 4日向光明制药厂购入原材料：

黄芩4500kg　单价2.60元　计11700元

柴胡3000kg　单价1.50元　计4500元

两种材料共付运杂费240元，支付的增值税进项税额共计2754元。货、税款及运杂费均以银行存款支付，材料已验收入库，结转两种材料的实际采购成本（材料的运杂费按材料重量比例分摊）。

② 10日，以银行存款归还前欠ABC药材公司货款2万元。

③ 15日，向环宇药厂购入黄芩5000kg，单价2.80元，货款计14000元，增值税进项税额为2380元，发票账单已到但款未付，材料尚在途中。

④ 16日，以现金支付上述黄芩一种材料的运费和装卸费共计80元。

⑤ 17日，向环宇药厂购进的黄芩已验收入库，结转黄芩的实际采购成本。

⑥ 28 日，向前进药厂购入柴胡 1000kg，单价 1.40 元，货款计 1400 元，增值税进项税额为 238 元。前进药厂代垫运费 100 元，货款、税款及代垫运费已由银行存款付讫，材料已验收入库。

实务训练二

1. 目的　练习产品生产业务的核算。

2. 要求　根据资料编制会计分录。

3. 资料

① 生产车间本月耗用黄芩 1 万元，其中：生产三黄片耗用 4000 元，生产感冒冲剂耗用 5500 元，生产车间一般耗用 500 元。

② 本月应付职工工资 42500 元，其中：生产三黄片的生产工人工资 18000 元，生产感冒冲剂的生产工人工资 22000 元，车间管理人员工资 2500 元。

③ 按本月工资总额的 14%计提职工福利费。

④ 计提本月固定资产折旧 5000 元，其中车间使用的固定资产折旧 3500 元，企业管理部门使用的固定资产折旧 1500 元。

⑤ 从银行提取现金 42500 元，以备发放工资。

⑥ 以现金 42500 元发放职工工资。

⑦ 以银行存款支付生产车间水电费 2000 元。

⑧ 预提本月应负担的短期借款利息 1200 元。

⑨ 摊销应由本月负担的保险费 800 元，其中应由车间负担的保险费 500 元，应由企业管理部门负担的保险费 300 元。

⑩ 职工张华出差，预借差旅费 800 元，财务部门以现金支付。

⑪ 张华出差归来，报销差旅费 500 元，退回现金 300 元。

⑫ 以银行存款预付下年度的财产保险费 9600 元。

⑬ 将本月发生的制造费用按两种产品生产工人的工资比例进行分配。

⑭ 本月生产的产品全部完工验收入库，结转完工产品的实际生产成本。

实务训练三

1. 目的　练习产品销售业务的核算。

2. 要求　根据资料编制会计分录。

3. 资料　某产品制造企业 6 月份发生下列经济业务。

① 4 日，销售给本市医药公司三黄片 100 件，单价 150 元（不含增值税），计 15000 元，按税率 17%计算，应向市医药公司收取增值税销项税额 2550 元，货、税款共计 17550 元，开出“增值税专用发票”，商品已由对方提走，款项尚未收到。

② 7 日，销售给外地腾飞药行感冒冲剂 500 件，单价 100 元（不含增值税），开出“增值税专用发票”，发票上列货款 50000 元，增值税销项税额 8500 元，以银行存款代垫运费 250 元，款项均未收到。

③ 18 日，收到本市医药公司支付的三黄片货款及增值税款 17550 元，已存入银行。

④ 30 日，按本月流转税的一定比例计提应交城建税为 1053.50 元，应交教育费附加 451.50 元。

⑤ 30 日，结转本月已销两种产品的销售成本。已知三黄片的制造成本为 120 元/件，感冒清的制造成本为 80 元/件。

实务训练四

1. 目的　练习利润形成及利润分配的核算。

2. 要求　根据资料编制会计分录。

3. 资料　红星制药厂6月份发生下列经济业务。

① 2日，发生确实无法偿还的应付账款一笔，金额3400元，经批准转作营业外收入。

② 13日，因销售商品出租给本市医药公司包装物一批，收取市医药公司交来的包装物押金590元，存入银行。

③ 24日，市医药公司将包装物丢失，未能返还包装物，没收其全部押金590元，包装物账面成本价450元。

④ 25日，出售多余黄芩一批，取得价款收入1500元存入银行。账面价值为1000元。

⑤ 26日，接银行通知，已收取出租固定资产的租金收入2850元。

⑥ 27日，企业因火灾造成柴胡净损失1200元。

⑦ 31日，按税务部所核定的纳税所得28000元的25%，计提应缴所得税7000元。

⑧ 12月初，“本年利润”账户的贷方余额250000元。12月末，各损益类账户本月发生额如下：

主营业务收入	85000元
主营业务成本	48000元
销售费用	4200元
营业税金及附加	1445元
管理费用	1300元
财务费用	800元
营业外收入	3590元
营业外支出	7200元
其他业务收入	2350元
其他业务成本	1000元
所得税费用	7000元

⑨ 分别按照本月所实现的净利润19995元的10%的比例提取法定盈余公积金。

⑩ 按照本月所实现利润19995元的40%向投资者分配股利。

第四章

商品流通企业主要经济业务的核算

学习目标

商品流通企业主要是从事商品流通活动，商品流通包括批发和零售两个基本环节。本章以批发业务核算为例，介绍同城和异地商品购销核算，明确数量进价金额核算方法的内容及商品购进、销售的一般业务程序；介绍商品购进、销售、增值税的计算和特殊业务的核算；简述已销商品销售成本的计算与结转。

重点难点

本章学习的重点内容是商品购进、销售的确认及账务处理；本章学习的难点是商品销售特殊业务的核算和商品销售成本的计算与结转。

第一节 商品流通企业经营特点

一、商品流通会计核算概述

商品流通是指商品通过货币结算的买卖行为，从生产领域向消费领域的转移过程。它是生产者之间、生产者与消费者之间的桥梁，是社会再生产必不可少的重要环节。

根据商品流通企业在社会再生产过程中的作用不同，可将其分为批发商品流转和零售商品流转两个基本环节。

批发企业经营和管理上的主要特点有以下四点：一是经营大宗商品交易，企业一般都有相当数量的商品储备，而且要随时掌握各种商品的库存变化情况，以便合理组织货源；二是为了保证进货资金需要和合理使用资金，必须对商品资金进行管理，掌握商品资金的增减和占用情况；三是由于企业规模较大，内部分工较细，因此商品存放地点和营业场所往往不在一处，有的还要委托专营仓库储存；四是必须填制记载商品的品名、规格、数量、金额的收发货凭证，以明确经济责任，满足企业内部各有关部门的需要和作为购销双方交接商品、结算货款的依据。

根据上述经营和管理上的特点，批发企业的库存商品明细账必须实行“数量金额核算”方法。批发企业的收货和发货每笔都有内容完整的按规定程序传递的凭证作为依据，这就为实行数量和金额同时核算提供了必要的条件。

数量金额核算法是指同时用实物和货币两种计量单位进行库存商品的明细分类核算，来全面反映和监督每种库存商品增减和结存情况的一种方法。这种方法由于采用的货币计价标准不同，又分为“数量进价金额核算”和“数量售价金额核算”两种方法。具体说明如下。

（一）数量进价金额核算法

这种核算方法一般适用于经营工业产品和农副产品的批发企业，其主要内容如下。

① 库存商品总账按进价金额记账。品种多的单位按商品类别设置二级库存商品类目账，一般也只按进价金额记账不记数量。

② 建立一套完整的按品名、规格、等级分户库存商品明细账，既记进价金额，又记实物数量。保管商品的仓库设库存商品保管账，只登记各种商品的增减和结存数量，不记进价金额。

③ 通过财会部门按三级设置库存商品账和仓库设置保管账，使总账、二级类目账和库存商品明细账之间可以层层控制，相互核对金额，各库存商品明细账与库存商品保管账之间可以相互核对实物数量，从而可以保证账账相符。

（二）数量售价金额核算法

这种核算方法只适用于供应价格稳定、批仓结合的基层批发企业。它与数量进价金额核算方法有两点不同。

① 库存商品的总账账户和二级账户均按售价记账，库存商品三级明细账既记售价金额，又记实物数量。换言之，除记账金额的计价标准不同，库存商品账的设置方法与数量进价金额核算法基本相同。

② 增设“商品进销差价”账户，记载库存商品售价金额和进价金额的差额，以便通过调整来核算库存商品的进价成本。这方面的核算方法与零售商品采用售价金额核算的方法相同。

二、商品购进、销售的范围

（一）商品购进的范围

商品购进是商品流通企业为了转卖或加工后转卖，通过货币结算而买进商品的交易行为。因此，商品购进必须同时具备以下三个条件：

① 购进商品以销售为目的；

② 通过货币结算支付货款；

③ 取得商品所有权。

凡是同时具备以上三个条件的交易行为，在会计核算上都作为商品购进。凡不同时具备以上三个条件的，如收回加工成品和余料，收到其他单位赠送的样品，收进代其他单位保管的商品，购进本单位自用的物品和设备等，都不属于商品购进的范围。

（二）商品销售的范围

商品销售是指商品流通企业通过货币结算而出售本企业经营商品的交易行为。因此，商品销售必须同时具备以下三个条件：

① 售出的是本企业经营的商品；

② 通过货币结算收取货款；

③ 转移商品所有权。

凡是同时具备以上三个条件的交易行为，在会计核算上都作为商品销售。凡不同时具备以上三个条件的，如作为加工原材料付出的商品，赠送其他单位的样品，对外投资，商品短缺，进货退出，退出拒收的商品，付出代管的商品，出售本单位自用的物品和设备等，都不属于商品销售的范围。

第二节 商品购进业务的核算

一、商品购进的一般业务程序

企业购进商品，一般要与供货单位事先签订购销合同，规定商品的品种、规格、质量、数量、价格以及交货时间、地点、结算方式等事项，以便购销双方共同执行。以供货单位的“发货票”和本单位的“收货单”等进货凭证作为接收商品、验收商品和结算货款的主要依据。

由于商品交接方式和货款结算方式的不同，各种进货业务的处理手续和凭证在业务、仓储、财会等部门之间的流转程序也有所不同。

（一）同城商品购进的一般业务程序

同城商品购进一般是指批发企业从当地生产企业采购商品或从当地大批调进商品。接收商品的方式一般采用“送货制”或“提货制”。货款结算一般采用“支票”、“银行本票”、“商业汇票”等结算方式。

同城“送货制”商品购进一般业务程序：业务部门收到供货单位送来的“发货票”，经与合同核对无误后，即填制“收货单”一式数联（一般分为存根联、入库联、财会记账联、业务记账联），留下存根联，将其余各联连同“发货票”交供货单位到指定仓库交货。收货单格式如表 4-1 所示。

表 4-1 收货单格式

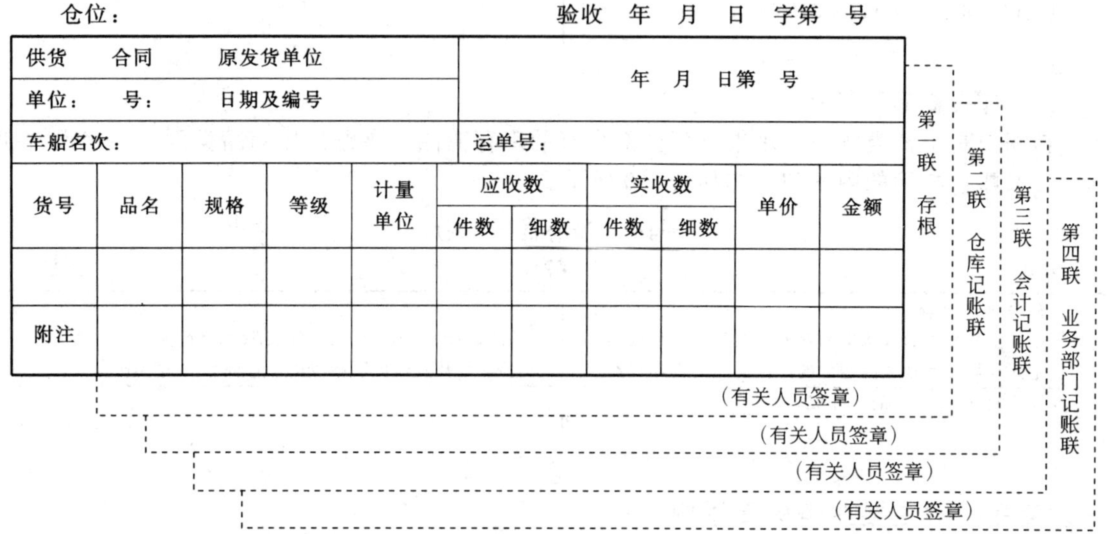

收货单

收货仓库： 开单 年 月 日

仓位： 验收 年 月 日 字第 号

供货 合同 原发货单位					年 月 日第 号					
单位： 号： 日期及编号										
车船名次：					运单号：					
货号	品名	规格	等级	计量单位	应收数		实收数		单价	金额
					件数	细数	件数	细数		
附注										

第一联 存根

第二联 仓库记账联

第三联 会计记账联

第四联 业务部门记账联

（有关人员签章）

（有关人员签章）

（有关人员签章）

（有关人员签章）

仓库验收商品后，在“收货单”上填明实收数量，加盖“货物收讫”戳记和保管印章，留下入库联登记保管账，将其余各联“收货单”连同“发货票”交供货单位到财会部门结算货款。

财会部门对“收货单”及供货单位“发货票”审核无误后，即办理付款手续和记账，同时将业务记账联转交业务部门。

（二）同城“提货制”商品购进的一般业务程序

业务部门收到采购员从供货单位取回的“发货票”，经与合同核对相符后，即填制“收货单”一式数联，连同“发货票”一并送财会部门。商品提回，经仓库验收后，在“收货单”上加盖“货物收讫”戳记和保管印章，留下入库联记保管账，将其余各联“收货单”及供货单位“发货票”交财会和业务部门记账。

（三）异地商品购进的一般业务程序

异地商品购进，接收商品的方式一般采用“发货制”，货款结算一般采用“异地托收承付”、“银行汇票”、“商业汇票”结算方式。供货单位按合同规定发出商品后，即委托银行向购货单位收取货款。批发企业收到银行转来供货单位的托收承付结算凭证及所附“发货票”发票联、代垫费用单据等凭证时，由业务部门核对合同，并经财会部门审核无误后，按规定期限支付货款、增值税款及代垫运杂费用。

当接到运输部门到货通知后，业务部门即填制“收货单”一式数联，通知储运部门到车站或码头提货。仓库验收商品后的业务手续与上述同城“提货制”商品购进的业务手续相同。

二、商品购进主要账户的设置

1.“在途物资”账户

本账户是资产类账户，用来核算企业购入尚未到达的或到达尚未入库的材料或商品的采购成本。该账户核算的内容与结构如表4-2所示。

表4-2 “在途物资”账户

借方　　　　在途物资	贷方
期初余额：××× 核算已购入未入库的材料或商品的采购成本	核算到收入库的材料或商品的采购成本
期末余额：表示在途材料或商品的成本	

2.“库存商品”账户

该账户是资产类账户，用来核算全部自有的库存商品。该账户按商品类别、品名设置明细账。其账户核算的内容和结构如表4-3所示。

表4-3 “库存商品”账户

借方　　　　库存商品	贷方
期初余额：××× ①记入生产完工验收入库的或外购商品的实际成本 ②记入盘盈及其他原因增加的库存商品的实际成本	①结转已销售库存商品的实际生产成本 ②盘亏及其他原因减少的库存商品的实际成本
期末余额：库存商品的实际成本数	

三、商品购进主要业务核算举例

（一）同城商品购进的核算

【例4-1】 某药品贸易批发企业，从本市生物制药厂购进阿莫西林150件，增值税专用发票列单价120元，计18000元，增值税3060元；购进感冒通80件，单价96元，计7680元，增值税1305元，货款税款采用转账支票付讫，商品已验收入库。此笔业务所付原始凭证如表4-4～表4-6所示。

表 4-4　原始凭证——支票

中国银行太原分行	中国银行太原市分行支票　　支票号码：000613
支票号码：000613 签发日期：2009 年 9 月 9 日	签发日期　贰零零玖年 玖月 零玖 日　　开户行名称： 收款人：生物制药厂　　签发人账号：
收款人：生物制药厂 金额：30045.60 用途：运费	人民币（大写）　叁万零肆拾伍元陆角整

百	十	万	千	百	十	元	角	分
	¥	3	0	0	4	5	6	0

用途　货款

上列款项表从　　复核

我账户内支付　　记账

签发人签章　　验印

注：虚线右盖章后给收款单位。

表 4-5　原始凭证——增值税专用发票

××　省增值税专用发票

发　票　联

开票日期：2009 年 9 月 9 日　　No. 5000818

购货单位	名称	山西药品贸易公司	纳税人登记号	310225511415054
	地址、电话	余兴路 677 号 62567890	开户银行及账号	工行静安支行 267-03012345

商品或劳务名称	计量单位	数量	单位	金额								税率（%）	税额							
				十	万	千	百	十	元	角	分		十	万	千	百	十	元	角	分
阿莫西林	件	150	120		1	8	0	0	0	0	0	17			3	0	6	0	0	0
感冒通	件	80	96			7	6	8	0	0	0				1	3	0	5	6	0
合 计				¥	2	5	6	8	0	0	0			¥	4	3	6	5	6	0
价税合计（大写）	叁万零肆拾伍元陆角整																		¥30045.60	

销货单位	名称	生物制药厂	纳税人登记	310109257180934
	地址、电话	民航路 8 号 62740309	开户银行及账号	农行意北支行 321-01075740

第二联　发票联　购货方记账

收款人：　　开票单位（未盖章无效）

表 4-6　原始凭证——收货单

收货单（记账联）

从货单位：生物制药厂　　2009 年 9 月 9 日

货号	品名	单位	数量	单价	应收款		实收款	
					数量	金额	数量	金额
	阿莫西林	件	150	120	1500	18000	1500	18000
	感冒通	件	80	96	2400	7680	2400	7680
	合计					25680		25680
附注					附单据	1 张		

根据以上原始凭证作如下会计分录。

借：库存商品——西药类——阿莫西林　　18000

借：库存商品——西药类——感冒通　　7680

借：应交税费—增值税——进项税额　　4365.60

贷：银行存款　　　　　　　　　　　　　30045.60

【例4-2】 某企业从本地市医药公司购进保和丸50件，增值税专用发票列单价196元，计9800元，增值税1666元，货款与税款合计11466元，采用商业承兑汇票抵付期限半年，原始凭证如表4-7、表4-8所示。

表4-7　原始凭证——商业承兑汇票

商业承兑汇票（存根）　　　　Ⅸ　Ⅳ3192980

签发日期2009年9月10日　　　　第　　号

付款人	全称	山西药品贸易公司		收款人	全称	市医药公司	
	账号	516-0001234567			账号	318-007654321	
	开户银行	广办	行号		开户银行	建办	行号
汇票金额		人民币（大写）壹万壹仟肆佰陆拾陆元整				千百十万千百十元角分	¥1146600
汇票到期日		2010年3月10日		交易合同号			
备注：到期日无条件付款				负责　　经办			

此联签发人存查

表4-8　原始凭证——增值税专用发票

山西省增值税专用发票

发　票　联

开票日期：2009年9月10日　　　　No. 2708901

购货单位	名称	山西药品贸易公司			纳税人登记号								14010297046366								
	地址、电话	余兴路677号 62567890			开户银行及账号								工行支行 516-0001234567								
商品或劳务名称		计量单位	数量	单位	金额								税率（%）	税额							
					十	万	千	百	十	元	角	分		十	万	千	百	十	元	角	分
保和丸		件	50	196			9	8	0	0	0	0	17			1	6	6	6	0	0
合计						¥	9	8	0	0	0	0			¥	1	6	6	6	0	0
价税合计（大写）		壹万壹仟肆佰陆拾陆元整												¥11466.00							
销货单位	名称	长青市医药公司			纳税人登记								310109257180934								
	地址、电话	宛西路1781号			开户银行及账号								工行汇支行华分处 321-01075740								

第二联　发票联　购货方记账

收款人：　　　　　　开票单位（未盖章无效）

根据以上原始凭证作如下会计分录。

借：在途物资——保和丸　　　　　　　9800

借：应交税费——增值税——进项税额　1666

贷：应付票据——商业承兑汇票　　　　11466

（二）异地商品购进的核算

【例4-3】 本企业接到银行转来东风制药厂托收凭证，购进盖中盖150件，每件620元，计价款93000元，增值税15810元，代垫运费500元，经审核无误，承付全部款项。

① 根据发货单、托收承付结算凭证及运杂费单据、增值税专用发票，作如下会计分录。

借：在途物资——盖中盖　　　　　　　93000

借：应交税费——增值税——进项税额　15810

借：销售费用——运杂费　　500

　贷：银行存款　　109310

商品到达企业后根据收货单等凭证作分录如下。

借：库存商品——西药类——盖中盖　　93000

　贷：在途物资——盖中盖　　93000

【例 4-4】 本企业填写银行汇票委托书向开户银行申请签发银行汇票一张，金额 50000 元，已办妥手续，并取得“银行汇票”和“银行汇票解讫通知”，原始凭证如表4-9、表 4-10 所示。

表 4-9　原始凭证——银行汇票

中国银行

银行汇票　2　第 00448988 号

付款期限 壹 个 月

出票日期（大写）

代理付款行：中国银行山西分行										行号：410
收款人：东北制药三厂										账号：801-0056-48
出票金额 人民币（大写）	伍万元整									
实际结算金额 人民币（大写）	壹万壹仟肆佰陆拾陆元整	百	十	万	千	百	十	元	角	分
			¥	1	1	4	6	6	0	0

申请人：山西药品贸易公司

出票行：中国银行山西省分行

备　注：货款

凭票付款：

出票行签章：

多余金额										科目(借)
										对方科目(贷)
千	百	十	万	千	百	十	元	角	分	兑付日期：　年　月　日
										复核　记账

此联代理付款行付款后作联行记账借方凭证附件

表 4-10　原始凭证——银行汇票解讫通知

中国银行

银行汇票（解讫通知）　3　第 00448988 号

付款期限 壹 个 月

出票日期（大写）

代理付款行：中国银行山西分行										行号：410
收款人：东北制药三厂										账号：801-0056-48
出票金额 人民币（大写）	伍万元整									
实际结算金额 人民币（大写）	壹万壹仟肆佰陆拾陆元整	百	十	万	千	百	十	元	角	分
			¥	1	1	4	6	6	0	0

申请人：山西药品贸易公司

出票行：中国银行山西省分行

备　注：货款

凭票付款：

出票行签章：

多余金额										科目(借)
										对方科目(贷)
千	百	十	万	千	百	十	元	角	分	兑付日期：　年　月　日
										复核　记账

此联代理付款行付款后作联行记账借方凭证附件

借：其他货币资金——银行汇票　　　　　　　50000

　贷：银行存款　　　　　　　　　　　　　　　50000

【例 4-5】本企业持“银行汇票”和“汇票解讫通知”从上海购进青霉素 160 件，每件单价 205 元，计价款 32800 元，增值税 5576 元，运杂费 2000 元，商品尚未到达。

① 财会部门根据发货单作如下会计分录。

借：在途物资——青霉素　　　　　　　　　　32800

借：应交税费——增值税——进项税额　　　　　5576

借：销售费用——运杂费　　　　　　　　　　　2000

　贷：其他货币资金——银行汇票　　　　　　　　40376

② 若商品到达则根据收货单作如下会计分录。

借：库存商品——西药类——青霉素　　　　　32800

　贷：在途物资——青霉素　　　　　　　　　　32800

③ 若有多余，则根据多余款收账通知联，作如下分录。

借：银行存款　　　　　　　　　　　　　　　9624

　贷：其他货币资金——银行汇票　　　　　　　9624

（三）商品采购过程中其他业务的核算

【例 4-6】企业批发部采购员张明去广州出差预借差旅费 5000 元，财务科支付现金，根据借款单（见表 4-11）作如下会计分录。

借：其他应收款——张明　　　　　　　　　　5000

　贷：库存现金　　　　　　　　　　　　　　　5000

表 4-11　借款单

借　款　单

借款日期：2009 年 9 月 16 日

单位或部门	批发部	借款人姓名	张明	借款事由	上海出差
申请借款金额	金额(大写)伍仟元整			￥5000.00	还款计划
批准金额	金额(大写)伍仟元整			￥5000.00	
领导批示	同意×××	借款人	张明（盖章）		

【例 4-7】10 日后采购员张明出差归来实际报销 4920 元，交回现金 80 元，财务科收妥后开出收据（如表 4-12 所示），作会计分录如下。

表 4-12　收据

收　据

2009 年 9 月 28 日　　　　　　No. ________

内部使用　对外无效

今收到　张明

交　来　差旅费余款　　　　　　　小写80.00元

人民币(大写)　捌拾元整

机关印章　　　单位负责人　　　会计主管　王红　　　经用人

第二联　付款单位凭证

借：管理费用——批发部——差旅费　　　　4920
借：库存现金　　　　　　　　　　　　　　80
　贷：其他应收款——张明　　　　　　　　　　5000

第三节　商品销售业务的核算

一、直接销售业务的核算

【例 4-8】 本企业销售给本市康利医院药品一批，业务部门开出增值税专用发票（如表 4-13 所示），阿莫西林 120 件，单价 190 元，计 22800 元，增值税 3876 元；保和丸 40 件，单价 260 元，计 10400 元，增值税 1768 元，收到购货方转账支票 1 张，付清全部款项。支票送存银行，如表 4-14 所示。

表 4-13　增值税专用发票

山西省增值税专用发票

晋 I 96

记　账　联

开票日期：2009 年 9 月 24 日　　　　No. 2085708

购货单位	名称	康力医院		纳税人登记号									14010297046366							
	地址、电话	余兴路 677 号 62567890		开户银行及账号									工行支行 516-0001234567							
商品或劳务名称	计量单位	数量	单价	金额								税率（%）	金额							
				十	万	千	百	十	元	角	分		十	万	千	百	十	元	角	分
阿莫西林	件	120	196		2	2	8	0	0	0	0	17			3	8	7	6	0	0
保和丸	件	40	260		1	0	4	0	0	0	0				1	7	6	8	0	0
合　计				¥	3	3	2	0	0	0	0			¥	5	6	4	4	0	0
价税合计（大写）	叁万捌仟捌佰肆拾肆元整												¥38844.00							
销货单位	名称	药品贸易公司		纳税人登记									3102255111415054							
	地址、电话	余兴路 667 号		开户银行及账号									工行静安支行 267-03012345							

第二联　发票联　购货方记账

收款人：　　　　开票单位（未盖章无效）

表 4-14　银行进账单

中国工商银行太原市（建行）进账单（收款通知）

科目：　　　　2009 年 9 月 24 日　　　　对方科目　①

款项来源	销货款康力医院	收款人	全称	药品贸易公司
款项种类	票据（分页填写）		账号	

人民币（大写）	百	十	万	千	百	十	元	角	分
叁万捌仟捌佰肆拾肆元整		¥	3	8	8	4	4	0	0

托收票据目录第 1 页	共　页	票据种类	金额								
付款单位账号	凭证号码		十	万	千	百	十	元	角	分	（收款银行盖章）
507-00001111			¥	3	8	8	4	4	0	0	

此联由银行盖章退回单位

(2) 本联于款项收妥后收账通知

(1) 解入票据须收妥后方可用款

根据以上原始凭证作如下会计分录。

借：银行存款　　　　　　　　　　　38844

　贷：主营业务收入　　　　　　　　　　33200

　贷：应交税费——增值税——销项税　　　5644

【例 4-9】 本企业销售给外地广远医药公司感冒通 60 件，单价 146 元，计 8760 元，增值税 1489.2 元；三黄片 50 箱，单价 120 元，计 6000 元，增值税 1020 元，如表 4-15 所示，发运商品时给购货方代垫运杂费 360 元，用支票支付，原始凭证如表 4-16、表 4-17 所示，货款税款、运费均采用委托银行收款方式结算。

表 4-15　原始凭证——增值税专用发票

__××__省增值税专用发票

记　账　联

开票日期：2009 年 9 月 28 日　　　　　　No. 2085709

购货单位	名称	广远医药公司		纳税人登记号									6101055202211								
	地址、电话	南宁市和平路 364 号		开户银行及账号									南建营—5040263800651								
商品或劳务名称		计量单位	数量	单位	金额								税率(%)	税额							
					十	万	千	百	十	元	角	分		十	万	千	百	十	元	角	分
感冒片		件	60	146			8	7	6	0	0	0	17			1	4	8	9	2	0
三黄片		箱	50	120			6	0	0	0	0	0	17			1	0	2	0	0	0
合计					¥	1	4	7	6	0	0	0			¥	2	5	0	9	2	0
价税合计(大写)		壹万柒仟贰佰陆玖元贰角整												¥17269.20							
销货单位	名称	药品贸易公司		纳税人登记									3102255111415054								
	地址、电话	余兴路 667 号 62567890		开户银行及账号									工行静安支行 267-03012345								

第二联 发票联 购货方记账

收款人：　　　　　　　　开票单位（未盖章无效）

表 4-16　委托收款凭证

委托收款凭证（回单）　　1　　　　委托号码

委邮　　　　委托日期 2009 年 9 月 28 日　　　　第　　号

收款人	全称	山西药品贸易公司		付款人	全称	广远医药公司
	账号	267-03012345			账号或地址	5040263800651
	开户银行	静安支行	行号		开户银行	南建营

委收金额	人民币(大写)壹万柒仟陆佰贰拾玖元贰角整	百	十	万	千	百	十	元	角	分
			¥	1	7	6	2	9	2	0

款项内容	货款、税款、运费	委托收款凭据名称		附寄单证张数	

备注：	上列托收款随附有关单证，请予办理收款。 （收款人盖章）	科目(收) 对方科目(付) 转账　年　月　日 复核　记账

表 4-17 原始凭证——支票

<table>
<tr><td rowspan="2">中国银行太原分行

支票号码:000218
签发日期:2009 年 9 月 28 日

收款人: 太原徐汇运输公司
金额: 360
用途: 运杂费</td><td>中国银行太原市分行支票　　支票号码:000218
签发日期　贰零零玖年 玖月 贰拾捌日　　开户行名称:广办支行
收款人:生物制药厂　　签发人账号:518-0301666</td></tr>
<tr><td>人民币（大写）叁佰陆拾元整　　百 十 万 千 百 十 元 角 分：¥ 3 6 0 0 0
用途　运杂款
上列款项请从　　复核
我账户内支付　　记账
签发人签章　　验印
（盖章后交收单位）</td></tr>
</table>

根据以上原始凭证作如下会计分录。

借：应收账款——广远医药公司　　17629.20

　贷：主营业务收入　　14760.00

　贷：应交税费——增值税——销项税　　2509.20

　贷：银行存款　　360.00

【例 4-10】 应收广远医药公司的货款、税款、运费已委托银行收妥，如表 4-18 所示。

表 4-18 委托收款凭证

委托收款凭证（收账通知）　2　　委托号码

委邮　　委托日期 2009 年 9 月 31 日　　第　号

收款人	全称	山西药品贸易公司		付款人	全称	广远医药公司
	账号	267-03012345			账号或地址	5040263800651
	开户银行	静安支行	行号		开户银行	南建营
委收金额		人民币(大写)壹万柒仟陆佰贰拾玖元贰角整			百 十 万 千 百 十 元 角 分	¥ 1 7 6 2 9 2 0
款项内容		货款、税款、运费	委托收款凭据名称		附寄单证张数	
备注：			上列托收款随附有关单证，请予办理收款。（收款人盖章）		科目(收) 对方科目(付) 转账　年　月　日 复核　记账	

此联收款人开户银行作收入传票

根据上述原始凭证，作如下会计分录。

借：银行存款　　17629.2

　贷：应收账款——广远医药公司　　17629.2

二、商品现金折扣与销售折让的核算

现金折扣，是指企业为了尽快回笼资金而发生的理财费用。现金折扣在实际发生时直接记入当期财务费用。企业应按实际收到的金额，借记“银行存款”等科目，按应给予的现金折扣，借记“财务费用”科目，按应收的账款，贷记“应收账款”“应收票据”等科目。

【例 4-11】 本企业向中心医院销售利君沙 100 件，每件 400 元，增值税专用发票上注明总价为 40000 元，折扣率为 10%，实收总价款 36000 元，销项税额 6120 元。

① 根据发货票及有关单证做分录如下。

借：应收账款——中心医院　42120.00
借：财务费用——理财费用　4000.00
　贷：主营业务收入　40000.00
　贷：应交税费——应交增值税——销项税额　6120.00

② 收到某公司交来款项时，根据结算凭证等作分录如下。

借：银行存款　42120.00
　贷：应收账款——中心医院　42120.00

企业采用赊销方式销售商品时，允许购货方在一定期限内支付货款。若购货方能在折扣期内付款，就能得到一定的现金折扣，即从应支付的货款总额中扣除一定比例的金额，这即为付款条件。如付款期为一个月，如果在 10 天内付款，折扣 2%；如果在 10～20 天内付款，折扣 1%；在 20～30 天付款，按全额付款，不给折扣。付款条件可表示为 2/10，1/20，n/30。

【例 4-12】 本企业销售给安利医院严迪一批，发票金额为 10 万元，销项税额 17000 元，付款条件为 2/10，1/20，n/30。

① 发货并办妥托收手续时，作分录如下。

借：应收账款——安利医院　117000
　贷：主营业务收入　100000
　贷：应交税费——增值税——销项税额　17000

② 若购货方收货后在第 15 天承付货款，据付款条件可取得 1%折扣，折扣金额直接记入“财务费用”账户，同时转出增值税额，根据有关单证作分录如下。

借：银行存款　115830
借：财务费用——理财费用　1000
借：应交税费——应交增值税——销项税额　170
　贷：应收账款——安利医院　117000

销售折让，是指在商品销售时，直接给予购买方的折让。销售折让应在实际发生时直接从当期的销售收入中扣减。

【例 4-13】 前日销售给省医药公司羚翘解毒丸一批，计价款 80000 元，销项税额 13600 元，货已发出，款项已收到并存入银行。因该药品有效期临近，同意给予 5%的折让，退部分货款，冲减原销售收入和增值税。

借：主营业务收入　4000
借：应交税费——增值税——销项税额　680
　贷：银行存款　4680

第四节　主营业务成本的计算和结转

主营业务成本的计算和结转，就是将一定时期内已销售商品的原进价，通过一定的方法计算出来，并从“库存商品”科目转到“主营业务成本”科目。正确地计算商品销售进价成本，直接关系到期末库存商品的价值是否真实，算出的经营成本是否正确。在批发企业中，由于经营品种较多，销售业务较繁，不便逐日或逐笔计算商品的销售成本。为了简化核算手续，一般在月底计算一次。已销售商品成本的计算方法，主要有：先进先出法、加权平均法、移动加权平均法、个别计价法、毛利率法五种。具体计算方法请参看“商品流通企业会计。”

现采用个别计价法计算已销商品的销售成本。

【例 4-14】 公司本期销售商品情况统计如表 4-19 所示。

表 4-19 销售商品情况

类 别	药品名	单 位	数 量	单 价	进价成本
西药类	阿莫西林	件	120	190	22800
	利君沙	件	100	310	31000
	感冒通	箱	60	96	5760
	严迪	箱	500	14	7000
合计					66560
中成药类	保和丸	件	40	196	7840
	三黄片	箱	50	120	6000
	羚翘解毒丸	箱	1000	60	60000
合计					73840

根据成本计算结果结转会计分录如下。

借：主营业务成本——西药类 66560

贷：库存商品——西药类——阿莫西林 22800

贷：库存商品——西药类——利君沙 31000

贷：库存商品——西药类——感冒通 5760

贷：库存商品——西药类——严迪 7000

同时，借：主营业务成本——中成药类 73840

贷：库存商品——中成药类——保和丸 7840

贷：库存商品——中成药类——三黄片 6000

贷：库存商品——中成药类——羚翘解毒片 60000

以上本期商品购进、销售经济业务的总分类核算如表 4-20 所示。

表 4-20 总分类核算

在途物资

借方	贷方
期初余额×××	
① 25680	① 25680
② 9800	② 93000
③ 93000	③ 32800
⑤ 32800	⑪ 6120

库存商品

借方	贷方
期初余额:600000	
① 25680	⑭140400
③ 93000	
⑤ 32800	

应交税费

借方	贷方
	期初余额×××
① 4365.60	⑧ 5644.00
② 1666.00	⑨ 2509.20
③ 15810.00	⑪ 6120.00
⑤ 5576.00	⑫ 17000.00
⑫ 170.00	
⑬ 680.00	

银行存款

借方	贷方
期初余额:300000	
⑤ 9624.00	① 30045.60
⑧ 38844.00	③ 109310.00
⑩ 17629.20	④ 50000.00
⑪ 42120.00	⑨ 360.00
⑫ 115830.00	⑬ 4680.00

借方	应付票据	贷方
		期初余额×××
		② 11466

借方	销售费用	贷方
③ 500		
⑤ 2000		
⑦ 4920		

借方	其他货币资金	贷方
期初余额×××		
④ 50000		⑤ 40376
		⑤ 9624

借方	其他应收款	贷方
期初余额×××		
⑥ 5000		⑦ 5000

借方	库存现金	贷方
期初余额:8000		
⑦ 80		⑥ 5000

借方	主营业务收入	贷方
⑬ 4000		⑧ 33200
		⑨ 14760
		⑪ 40000
		⑫ 100000

借方	主营业务成本	贷方
⑭ 66560		
⑭ 73840		

借方	应收账款	贷方
期初余额×××		⑩ 17629.20
⑨ 17629.20		⑪ 42120.00
⑪ 42120.00		⑫ 117000.00
⑫ 117000.00		
⑬ 4000.00		

借方	财务费用	贷方
⑪ 4000		
⑫ 1000		

第五章 会计凭证

学习目标

通过前几章的学习，我们了解了会计核算应当如实地反映企业发生的各类经济业务。为了做到这一点，会计必须运用填制和审核会计凭证这一核算方法，根据会计凭证来进行核算工作就可以保证会计记录的真实性、正确性，使会计资料具有可验证性。明确填制和审核会计凭证是会计工作最初阶段和基本环节。

重点难点

本章学习的重点是原始凭证的审核及记账凭证的填制和审核。正确地掌握记账凭证的填制方法是本章的难点。

第一节 会计凭证的意义和种类

一、会计凭证的概念

会计凭证是记录经济业务的发生和完成情况，明确经济责任的书面证明，是登记账簿的重要依据。任何单位在处理任何经济业务时，都必须由执行和完成该项经济业务的有关人员，从单位外部取得或自行填制有关凭证，以书面形式记录和证明所发生经济业务的性质、内容、数量、金额等，并在凭证上签名或盖章，以对经济业务的合法性和凭证的真实性、正确性负责。任何会计凭证都必须经过有关人员的严格审核、确认无误后，才能作为记账的依据，也只有如此，才能保证账簿记录、报表反映的会计信息真实、完整。填制和审核会计凭证，不仅要求会计人员有扎实的业务功底，熟练掌握会计凭证的格式、要素以及填制方法，全面了解有关经济法规，尤其是财务法规与税收法规，而且要求财务人员有良好的思想修养、细致的工作作风和高度的责任心。

二、设置会计凭证的意义

认真填制和审核会计凭证是做好会计工作的基本前提，也是体现会计反映与监督的重要手段，在会计核算中具有重要意义。

① 填制会计凭证，可以及时正确地反映经济业务的发生与完成情况，体现会计的反映职能。任何经济业务的发生，都必须取得和填制会计凭证。以材料收发结存业务为例，采购人员外购材料时必须带回对方单位开具的合理合法的材料采购发票；材料运达企业，经仓库保管部门验收入库后，必须开具入库单；领用材料时必须填制领料单等。财务人员对取得或填制的会计凭证还必须进行严格审核，然后才能据以登记入账。

② 填制和审核会计凭证，可以明确经济责任，加强经济责任制。每一笔经济业务发生后，都要求承办单位和有关人员办理凭证手续并签名盖章，明确经济责任，推行经济责任制。以差旅费报销为例来加以说明，出差人员旅途中发生的交通费、住宿费必须取得合理合

法的交通费发票和住宿费发票；出差费入账时，主管领导必须审核签字；财务人员再根据审核后的单据办理报账手续等。通过填制和审核会计凭证，不仅将经办人员联系在一起，相互监督，而且便于划清责任。

③ 审核会计凭证，可以充分发挥会计的监督职能，使经济业务合理合法，保证会计信息真实可靠，会计主管和内部财务人员都要对取得或填制的会计凭证进行严格审核，加强对经济业务的监督，对于不合法不真实的凭证拒绝受理；对错误的凭证要给予更正，防止错误和弊端的发生，以贯彻财经政策和严肃财经纪律。

④ 会计凭证是核对账务和事后检查的重要依据。合理合法的会计凭证，均载明经济业务发生的时间、地点、业务内容、金额、经办单位、当事人签章以及其他有关事项，完整地反映了每笔经济业务的内容。在核对账务和事后检查中如发现问题，可直接追溯到会计凭证，进行复核处理。

三、会计凭证的种类

实际会计工作中的会计凭证种类繁多，格式多样，作用不一，但按其编制或取得填制的程序和用途不同，可分为原始凭证和记账凭证两类。

（一）原始凭证

原始凭证又称单据，是在经济业务发生或完成时取得填制的，用以记录或证明经济业务的发生或完成情况的原始凭据。原始凭证是会计核算的原始资料和重要依据。原始凭证的合法、真实、准确与否决定整个会计核算的质量。会计制度对有些原始凭证的格式没有作出明文规定，各单位可以根据业务需要自行设计。实际会计工作中的原始凭证种类繁多，格式不一，但它们的基本内容是基本上一致的，主要包括：凭证的名称；填制凭证的日期；填制单位名称或填制人姓名；经办人员的签名或盖章；接受凭证单位名称；经济业务内容；数量、单位和金额。原始凭证按取得的来源不同，可分外来原始凭证和自制原始凭证。

1. 外来原始凭证

它是指在经济业务发生或完成时，从其他单位或个人直接取得的原始凭证，如购买货物取得的增值税专用发票、普通发票、铁路运单，对外单位支付款项时取得的收据，职工出差取得的飞机票、火车票等。如表 5-1、表 5-2 所示。

从外单位取得的原始凭证，必须盖有填制单位的公章，从个人取得的原始凭证，必须有填制人员的签名或者盖章，这样可以保证外来原始凭证真实可靠，也便于外部单位和本单位的相互稽核。

2. 自制原始凭证

它是指由本单位内部经办业务的部门和人员，在执行或完成某项经济业务时填制的、仅供本单位内部使用的原始凭证。如收料单、领料单、限额领料单、产品入库单、产品出库单、借款单、工资发放明细表等。自制的原始凭证必须按规定的要求填制，必须有经办单位领导人或者其指定的人员签名或者盖章，这样可以加强内部控制，保证自制原始凭证的合理、正确、有效。自制原始凭证如表 5-3、表 5-4 所示。自制原始凭证按照填制手续及内容不同，分为一次凭证、累计凭证和汇总凭证。

（1）一次凭证　它是指一次填制完成，只记录一笔经济业务的原始凭证。如收据、收料单、发货单、借款单、银行结算凭证等。一次凭证是一次有效的凭证。

（2）累计凭证　它是指在一定时期内多次记录发生的同类型经济业务的原始凭证。其特点是，在一张凭证内可以连续登记相同性质的经济业务，随时结出累计数及结余数，并按照

表 5-1　增值税专用发票

×××省增值税专用发票

发　票　联

开票日期：　　　　年　　月　　日　　　　　　　　　　　　　　　　No. 6591002

<table>
<tr><td rowspan="2">购货单位</td><td>名称</td><td colspan="3"></td><td colspan="8">纳税人登记号</td><td colspan="9"></td></tr>
<tr><td>地址、电话</td><td colspan="3"></td><td colspan="8">开户银行及账号</td><td colspan="9"></td></tr>
<tr><td colspan="2" rowspan="2">商品或劳务名称</td><td rowspan="2">计量单位</td><td rowspan="2">数量</td><td rowspan="2">单位</td><td colspan="8">金　额</td><td rowspan="2">税率（%）</td><td colspan="8">税　额</td></tr>
<tr><td>十</td><td>万</td><td>千</td><td>百</td><td>十</td><td>元</td><td>角</td><td>分</td><td>十</td><td>万</td><td>千</td><td>百</td><td>十</td><td>元</td><td>角</td><td>分</td></tr>
<tr><td colspan="2"></td><td></td><td></td><td></td><td></td><td></td><td></td><td></td><td></td><td></td><td></td><td></td><td></td><td></td><td></td><td></td><td></td><td></td><td></td><td></td><td></td></tr>
<tr><td colspan="2"></td><td></td><td></td><td></td><td></td><td></td><td></td><td></td><td></td><td></td><td></td><td></td><td></td><td></td><td></td><td></td><td></td><td></td><td></td><td></td><td></td></tr>
<tr><td colspan="2"></td><td></td><td></td><td></td><td></td><td></td><td></td><td></td><td></td><td></td><td></td><td></td><td></td><td></td><td></td><td></td><td></td><td></td><td></td><td></td><td></td></tr>
<tr><td colspan="2">合计</td><td></td><td></td><td></td><td></td><td></td><td></td><td></td><td></td><td></td><td></td><td></td><td></td><td></td><td></td><td></td><td></td><td></td><td></td><td></td><td></td></tr>
<tr><td colspan="2">价税合计（大写）</td><td colspan="3"></td><td colspan="8"></td><td colspan="9"></td></tr>
<tr><td rowspan="2">销货单位</td><td>名称</td><td colspan="3"></td><td colspan="8">纳税人登记</td><td colspan="9"></td></tr>
<tr><td>地址、电话</td><td colspan="3"></td><td colspan="8">开户银行及账号</td><td colspan="9"></td></tr>
</table>

第四联　发票联　销货方记账

表 5-2　收据

收　据

年　月　日　　　　　　　　　　No：

付款单位：________________________________

人民币（大写）________________________________ ￥__________

收款事由：________________________________

经手人　　　　　　审核人　　　　　　出纳员　　　　　　收款单位

表 5-3　领料单

领　料　单

领料部门：　　　　　　　　　　　　　　　　　　　　领料编号：

领料用途：　　　　　　　年　月　日　　　　　　　　发料仓库：

<table>
<tr><td rowspan="2">材料编号</td><td rowspan="2">材料名称及规格</td><td rowspan="2">计量单位</td><td colspan="2">数量</td><td rowspan="2">单　价</td><td rowspan="2">金　额</td></tr>
<tr><td>请领</td><td>实领</td></tr>
<tr><td></td><td></td><td></td><td></td><td></td><td></td><td></td></tr>
<tr><td></td><td></td><td></td><td></td><td></td><td></td><td></td></tr>
<tr><td>备注</td><td colspan="4"></td><td>合计</td><td></td></tr>
<tr><td></td><td colspan="4"></td><td></td><td></td></tr>
</table>

发料人：　　　　　　审批人：　　　　　　领料人：　　　　　　记账：

表 5-4　限额领料单

限额领料单

年　月　日

领料单位		用途			计划产量		
材料编号		名称规格			计量单位		
单价		消耗定量			领用限额		
日期	请领			实发			
	数量	领料单位负责人	数量	累计	发料人	领料人	限额结余
累计实发金额							

供应部门负责人（签章）　　生产计划部门负责人（签章）　　仓库负责人（签章）

费用限额进行费用控制，期末按实际发生额记账。其所填制的内容仅限于同类经济业务，是多次有效的原始凭证。具有代表性的累计凭证是“限额领料单”。

（3）汇总凭证　它是指对一定时期内反映经济业务内容相同的若干张原始凭证，按照一定标准综合填制的原始凭证。汇总原始凭证合并了同类型经济业务，缩简了记账工作量。

（二）记账凭证

记账凭证又称为分录凭证或称记账凭单，是会计人员根据审核无误的原始凭证或汇总原始凭证填制的，其记载经济业务的简要内容，确定会计分录，是登记账簿的依据。实际会计工作中，填制记账凭证的工作量非常大，但作用显著。原始凭证只是证明了经济业务的发生或完成情况，这种反映是零星的、分散的。为全面、系统地反映经济业务，必须通过账簿记录来反映，登记账簿的直接依据是记账凭证。因其所反映经济业务的内容不同，各单位规模大小及其对会计核算繁简程度的要求不同，其格式也有所不同，但为了满足记账的基本要求，均应具备以下基本内容或要素。

1. 记账凭证的基本内容

① 记账凭证的名称。

② 填制记账凭证的日期。

③ 记账凭证的编号。

④ 经济业务的内容摘要。

⑤ 经济业务所涉及的会计科目的名称、金额、方向。

⑥ 所附原始凭证张数。

⑦ 会计主管、记账、审核、出纳、制单等有关人员签章。

2. 记账凭证的种类

记账凭证按其所反映的经济内容不同，一般分为专用式记账凭证和通用记账凭证。专用式记账凭证又可分为收款凭证、付款凭证、转账凭证，如图 5-1 所示。

收款凭证是指用于记录现金和银行存款收款业务的会计凭证，如表 5-5 所示。

付款凭证是指用于记录现金和银行存款付款业务的会计凭证，如表 5-6 所示。

转账凭证是指用于记录不涉及现金和银行存款业务的会计凭证，如表 5-7 所示。

通用式记账凭证如表 5-8 所示。

上述凭证中，收款凭证、付款凭证、转账凭证的划分，有利于区别不同经济业务进行分类管理，有利于经济业务的检查，但工作量较大，适用于规模较大、收付款业务较多的单位。

上述会计凭证的种类可用图 5-1 所示。

表 5-5　收款凭证

收款凭证

借方科目：　　　　　　　　年　月　日　　　　　　收字第____号

摘　要	贷方科目		金　额	记账
	总账科目	明细科目		√
合计				

附件　张

会计主管　　记账　　出纳　　审核　　制单（签章）

表 5-6　付款凭证

付款凭证

贷方科目：　　　　　　　　年　月　日　　　　　　付字第____号

摘　要	借方科目		金　额	记账
	总账科目	明细科目		√
合计				

附件　张

会计主管　　记账　　出纳　　审核　　制单（签章）

表 5-7　转账凭证

转账凭证

年　月　日　　　　　　转字第____号

摘　要	会计科目		借方金额	贷方金额	记账
	总账科目	明细科目			√
合计					

会计主管　　记账　　审核　　制单（签章）

表 5-8　通用式记账凭证

记账凭证

年　月　日

摘　要	会计科目		借方金额	贷方金额	记账
	总账科目	明细科目			√
合计					

会计主管　　记账　　复核　　出纳　　制单　　领交款人

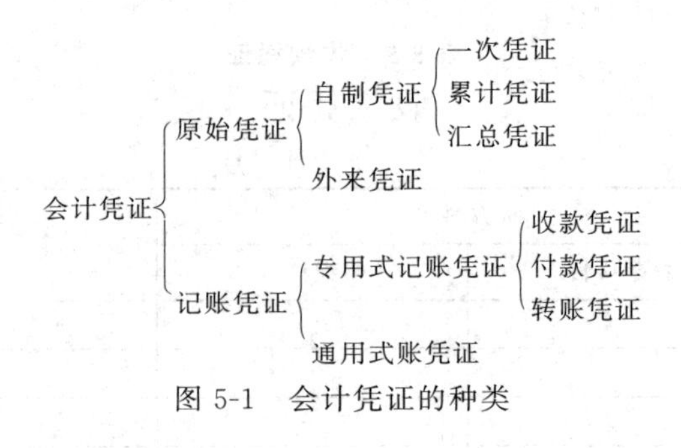

图 5-1　会计凭证的种类

第二节　原始凭证的填制和审核

一、原始凭证的填制

原始凭证是在经济业务发生时取得或填制的，是经济业务的发生或完成情况的书面证明，也是企业会计核算的原始依据，原始凭证的合法、真实、准确与否决定整个会计核算的质量。原始凭证一般是在业务发生时由经办人员根据经济业务的内容直接填制，其填制方法简单，但必须保证会计凭证的真实、合法、准确，填制原始凭证时应注意以下几点要求。

（1）原始凭证所反映的经济业务合法　合法性是原始凭证填制时最根本的要求。对于违法的收支，会计人员应当制止与纠正；制止与纠正无效的，应当向单位领导人提出书面意见，要求处理；对于严重违反国家和社会公众利益的收支应向主管单位或财政、审计、税务等政府监督机关报告。

（2）原始凭证的内容和数字必须真实可靠　应如实反映经济业务的内容，不允许有任何歪曲和弄虚作假的行为，为确保原始凭证的真实可靠，实际会计工作中，填制原始凭证应注意以下几点。

① 从外单位取得的原始凭证，必须盖有填制单位的公章；从个人取得的原始凭证，必须有填制人的签名或盖章。自制原始凭证必须有经办单位领导人或者其指定的人员签名或盖章。对外开出的原始凭证，必须要加盖本单位公章或财务专用章。

② 凡填有大写和小写金额的原始凭证，大写和小写金额必须相等。购买实物的原始凭证，必须有验收证明。支付款项的原始凭证，必须有收款单位和收款人的收款证明，这样可以避免以白条充抵实物和款项。

③ 一式几联的原始凭证，应当注明各联的用途，只能以一联作为报销凭证。在实际会计工作中特别要注意的是，采用复写纸套写的原始凭证，要用双面复写纸，上下联对齐，复写纸正面联数的内容要与复写纸背面联数的内容保持一致，存根联要妥善保管，避免弄虚作假，偷梁换柱。作废时应当加盖“作废”戳记，连同存根一起保存，不得撕毁。

④ 发生销货退回时，除填制退货发票外，还必须有退货验收证明；退款时，必须取得对方的收款收据或汇款银行的凭证，不得以退货发票代替收据，这样可以避免“假退货”。

⑤ 职工因公出差借款凭证，必须附在记账凭证之后。收回借款时，应当另开收据或者退还借据副本，不得退还原借款收据。

⑥ 原始凭证不得涂改、挖补。发现原始凭证有错误的，应当由开出单位重开或者更正，更正处应当加盖开出单位的公章。

(3) 凭证的内容必须完整，书写清楚　为确保原始凭证内容完整、手续齐备，实际会计工作中应注意以下几点。

① 年、月、日必须填写齐全，单位名称或者填制人姓名必须用全称，不得任意省略。

② 除一式几联的原始凭证必须用圆珠笔复写外，其他原始凭证填制要用蓝黑墨水的钢笔，不得任意采用铅笔或者红色墨水笔填写。

③ 大小写金额数字要符合规格，正确填写。银行结算制度规定的结算凭证、企业的发票、收据、提货单、运单、合同、契约，以及其他规定需要填写大写金额的各种凭证，必须有大写金额，不得只填小写金额。

④ 除已预先印定编号的凭证外，各种凭证必须连续编号，以便验收。

二、原始凭证的审核

《会计法》第十四条规定："会计机构、会计人员必须按照国家统一的会计制度的规定对原始凭证进行审核，对不真实、不合法的原始凭证有权不予接受，并向单位负责人报告；对记载不准确、不完整的原始凭证予以退回，并要求按照国家统一的会计制度的规定更正、补充。"由此可见，实际会计工作中，会计人员对取得或填制的原始凭证必须严格审核，审核无误才能据以记账。

① 审核原始凭证的真实性。其真实性的审核包括凭证日期是否真实、业务内容是否真实、数据是否真实等内容的审查。

② 审核原始凭证的合法性。审核原始凭证所记录经济业务是否有违反国家法律法规问题，是否符合规定的审核权限，是否履行了规定的凭证传递和审查程序，是否有贪污腐败行为。

③ 审核原始凭证的合理性。审核原始凭证所记录经济业务是否符合企业生产经营活动的需要，是否符合有关的计划和预算。

④ 审核原始凭证的完整性。审核原始凭证各项基本要素是否齐全，是否有漏项情况，日期是否完整，数字是否清晰，文字是否工整，有关人员签章是否齐全，凭证联次是否正确等。

⑤ 审核原始凭证的正确性。审核原始凭证各项计算及其相关部分是否正确，包括：阿拉伯数字分开填写，不得连写；小写金额前要标明"￥"字样，中间不能留有空位，金额要标至"分"，无角分的，要以"0"补位；金额大写部分要正确，大写金额前要加"人民币"字样，大写金额与小写金额要相符；凭证中有书写错误的，应采用正规的方法更正，不能采用任意涂改、刮擦、挖补等不正确方法。

⑥ 审核原始凭证的及时性。原始凭证的及时性是保证会计信息及时性的基础。审核时，应注意审核凭证的填制日期，尤其是像银行汇票、支票等时效性较强的原始凭证，更应仔细验证其签发日期。

第三节　记账凭证的填制和审核

一、记账凭证的填制

记账凭证是会计人员根据审核无误的原始凭证或者汇总原始凭证填制的会计凭证，是直接登账的依据。记账凭证的填制在实际会计工作中也是非常重要的一项任务。

1. 收款凭证的填制

收款凭证左上角的"借方科目"按收款的性质填写"库存现金"或"银行存款"；日期

填写的是编制本凭证时的日期；右上角填写编制收款凭证的顺序号；“摘要”填写对所记录的经济业务的简要说明；“贷方科目”填写与收入现金或银行存款相对应的会计科目；“记账”是指该凭证已登记账簿的标志，防止经济业务的重记或漏记；“金额”是指该项经济业务的发生额；该凭证右边“附件 张”是指本记账凭证所附原始凭证的张数；最下面分别由有关人员签章，以明确经济责任。

【例 5-1】 企业收到广远制药厂前欠货款 16869 元，存入银行，根据有关原始凭证，编制记账凭证，如表 5-9 所示。

表 5-9 收款凭证

收款凭证

借方科目：银行存款　　2009 年 12 月 19 日　　收字第____号

摘 要	贷方科目		金 额	记账
	总账科目	明细科目		
附件收回欠款	应收账款	广远制药厂	16869.00	
合计				
			￥16869.00	

附件 张

会计主管　　记账　　出纳　　审核　　制单（签章）

2. 付款凭证的填制

付款凭证的编制方法与收款凭证基本相同，只是左上角由“借方科目”改为“贷方科目”，在实际会计工作中，为避免重复记账，对于涉及现金和银行存款之间的划转业务，按规定只填制付款凭证。如现金存入银行业务只填制“库存现金”付款凭证；从银行提取现金业务只填制“银行存款”付款凭证。

【例 5-2】 采购员张化预借差旅费 2600 元，财务科以现金付讫，根据借款凭证编制的记账凭证如表 5-10 所示。

表 5-10 付款凭证

付款凭证

贷方科目：库存现金　　2009 年 12 月 20 日　　付字第____号

摘 要	借方科目		金 额	记账
	总账科目	明细科目		
支付借款	其他应收款	张化	2600.00	
合计			￥2600.00	

附件 张

会计主管　　记账　　出纳　　审核　　制单（签章）

3. 转账凭证的填制

该凭证将经济业务中所涉及全部会计科目，按照先借后贷的顺序记入“会计科目”栏中的“一级科目”和“二级及明细科目”，并按应借、应贷方向分别记入“借方金额”或“贷方金额”栏。其他项目的填列与收款、付款凭证相同。

【例 5-3】 收到上月已付款购进的阿莫西林 39600 元一批，检验入库，根据“商品入库单”作如表 5-11 所示的记账凭证。

表 5-11　转账凭证

转账凭证

2009 年 12 月 23 日　　　　　　转字第____号

摘　　要	会计科目		借方金额	贷方金额	记账
	总账科目	明细科目			√
药品验收入库	库存商品	阿莫西林	39600.00		
	在途物资	阿莫西林		39600.00	
合计			￥39600.00	￥39600.00	

会计主管　　　　记账　　　　审核　　　　制单（签章）

4. 通用凭证的填制

该凭证的填制与转账凭证基本相同。所不同的是，在凭证的编号上，采用按照发生经济业务的先后顺序编号的方法。对于一笔经济业务涉及两张以上记账凭证时，可以采取分数编号法。

【例 5-4】 企业从太原中药厂采购天麻一批，增值税专用发票列数量 100kg，单价 630 元，总计货款 63000 元，增值税 10710 元，货款与税款均用转账支票支付，根据有关凭证编制记账凭证，如表 5-12 所示。

表 5-12　通用记账凭证

记账凭证

2009 年 12 月 29 日

摘　　要	会计科目		借方金额	贷方金额	记账
	总账科目	明细科目			√
用银行存款购进天麻	在途物资	天麻	63000.00		
	应交税费	进项税	10710.00		
	银行存款			73710.00	
合计			￥73710.00	￥73710.00	

会计主管　　　记账　　　复核　　　出纳　　　制单　　　领交款人

二、记账凭证的填制要求

记账凭证是根据审核无误的原始凭证或者汇总原始凭证填制。记账凭证填制正确与否，直接影响到整个会计核算过程，填制记账凭证时，应遵循以下基本要求。

（1）正确、简明填写“摘要”栏。“摘要”栏是对凭证所反映经济业务的简要说明，要做到言简意赅。

（2）填制记账凭证时，应对记账凭证连续编号。

（3）除结账更正错误的记账凭证可以不附原始凭证外，其他的记账凭证必须附有原始凭证。如果一张原始凭证涉及几张记账凭证，可以把原始凭证附在一张主要的记账凭证后面，并在其他记账凭证上注明附有该原始凭证的记账凭证的编号或者原始凭证复印件。并且记账凭证的内容和金额应和所附的原始凭证一致。

（4）记账凭证填制完经济业务事项后，如有空行，应自金额栏最后一笔金额数字下的空行处至合计数的空行处划线注销。

（5）记账凭证的日期要正确填写。

(6) 填制凭证，字迹必须清晰、工整，并符合下列要求。

① 阿拉伯数字应当按规范书写，不得连笔写。数字前面应当书写货币币种符号或货币名称简写，币种符号与阿拉伯数字之间不得留有空白。

② 所有以元为单位的阿拉伯数字，除表示单价等情况外，一律填写到角分；无角分的，角位和分位可写“00”或者用符号“—”代替；有角无分的，分位写“0”，不得用符号“—”代替。

③ 汉字大写数字前未印有货币名称的，应当加填货币名称，货币名称与金额数字之间不得留有空白。

④ 阿拉伯数字中间有“0”的，汉字大写金额要写“零”字；阿拉伯数字中间连续有几个“0”时，汉字大写金额中可只写一个“零”字。

⑤ 汉字大写数字金额，一律按规定用正楷或者行书字体书写，不得任意自选简化字。大写数字到元或者角为止的，在“元”或“角”字之后应当写“整”字或“正”字；大写金额数字有分的，分字后面不写“整”字或“正”字。

三、记账凭证的审核

记账凭证是账簿登记的直接依据，对记账凭证进行审核，一方面可以确保账簿记录和报表内容真实、准确，保证会计核算的质量；另一方面，由于记账凭证是根据审核无误的原始凭证填制的，对记账凭证进行审核，也是对原始凭证的复核。记账凭证的审核内容主要有以下几方面。

(1) 内容是否真实。审核记账凭证是否有原始凭证为依据，所附原始凭证的内容与记账凭证的内容是否一致，记账凭证汇总表的内容与其所依据的记账凭证的内容是否一致。

(2) 项目是否齐全。审核记账凭证各项目的填写是否齐全，如日期、凭证编号、摘要、会计科目、金额、所附原始凭证张数及有关人员签章等。

(3) 科目是否正确。审核记账凭证的应借、应贷科目是否正确，是否有明确的账户对应关系，所使用的会计科目是否符合有关会计制度的规定等。

(4) 金额是否正确。审核记账凭证所记录的金额与原始凭证的有关金额是否一致，记账凭证汇总表的金额与记账凭证的金额合计是否相等，原始凭证中的数量、单价、金额计算是否正确等。

(5) 书写是否正确。审核记账凭证中的记录是否文字工整、数字清晰，是否按规定使用蓝黑墨水，是否按规定进行更正等。

第四节 会计凭证的传递和保管

一、会计凭证的传递

会计凭证的传递是指会计凭证从填制或取得时起，经过审核、记账、装订到归档保管止，在单位内部各有关部门和人员之间的传递程序和传递时间。会计凭证的传递，要求能够满足内部控制制度的要求，使传递程序合理有效，同时尽量节约传递时间，减少传递的工作量。

各单位会计凭证的传递程序应当科学、合理，具体办法由各单位根据会计业务需要自行规定。企业生产组织特点不同、经济业务的内容不同和管理要求不同，会计凭证的传递也有所不同。为此，企业应根据具体情况制定每一种凭证的传递程序和方法。会计凭证的传递是否科学、严密、有效，对于加强企业内部管理、提高会计信息的质量具有十分重要的影响。

二、会计凭证的保管

会计凭证的保管是指会计凭证记账后的整理、装订、归档存查工作。会计凭证作为记账的依据，是重要的会计档案之一，应妥善整理保管，防止丢失，不得任意销毁。其主要方法和基本要求如下。

① 各种记账凭证，连同所附原始凭证，要分类按顺序编号，定期装订成册，并加具封面，封面上应标明：单位名称、凭证种类、所属年月和起讫日期、起讫号码、凭证张数等，并由有关人员签名盖章。并在存装订处贴上封签，由主管人员盖章。

② 如果某些记账凭证所附原始凭证的数量过多，为了装订方便，也可另行装订保管，但应该在封面及有关记账凭证上加注说明；对重要原始凭证，为便于随时查阅，也可单独装订保管，但应在凭证封面注明。

③ 会计凭证装订成册后，在年度终了时可暂由单位财务部门保管一年，期满后原则上应移交档案机构保管。

④ 严格遵守会计凭证的保管期限要求。1999 年 1 月 1 日起施行的《会计档案管理办法》规定，原始凭证、记账凭证和汇总记账凭证的保管年限为 15 年；银行存款余额调节表保管 5 年。保管期满的会计档案可按规定程序销毁。但保管期满而未结清的债权债务原始凭证和涉及其他未了事项的原始凭证，不得销毁，应当单独抽出立卷，保管到未了事项完结时为止。

【学习检测】

一、问答题

1. 什么是会计凭证，会计凭证具体包括哪些种类？
2. 在填制原始凭证时有哪些具体要求？
3. 对原始凭证的审核应从哪些方面进行？
4. 记账凭证编制时要注意哪些问题？
5. 记账凭证的审核包括哪些方面？
6. 什么是会计凭证的传递？
7. 会计凭证在保管时应做到哪些内容？

二、选择题

（一）单项选择题

1.（　　）是在经济业务发生或完成时取得或填制的，用以记录或证明经济业务的发生或完成情况的书面证明。

A. 原始凭证　　B. 记账凭证　　C. 收款凭证　　D. 付款凭证

2. 在一定时期内连续记录若干项同类经济业务的自制原始凭证是（　　）。

A. 一次凭证　　B. 累计凭证　　C. 汇总凭证　　D. 原始凭证汇总表

3.（　　）是指根据一定时期内，若干相同的原始凭证汇总编制成的原始凭证。

A. 记账凭证汇总　　B. 累计凭证　　C. 一次凭证　　D. 原始凭证汇总表

4. 下列各项中不属于原始凭证的有（　　）。

A. 销货发票　　B. 借据　　C. 固定资产卡片　　D. 运费结算凭证

5. 外来原始凭证一般都是（　　）。

A. 一次凭证　　B. 汇总凭证　　C. 累计凭证　　D. 原始凭证汇总表

6. 用大写表示人民币 30010.56 元的正确写法（　　）。

A. 人民币叁万零壹拾元零伍角陆分　　B. 人民币三万零十元五角六分

C. 人民币三万零十元五角六分整　　D. 人民币叁万零拾元伍角陆分整

7. 填制原始凭证时，“人民币捌仟元零伍角整”的小写金额规范的是（　　）。

A. ￥8000.50　　B. ￥8000.5　　C. ￥8000.50　　D. ￥8000.5－

8. 记账凭证是根据审核无误的（　　）填制的。

A. 会计科目　　B. 借贷记账法　　C. 会计要素　　D. 原始凭证

9. 原始凭证是由（　　）取得或填制的。

A. 总账合计　　B. 业务经办单位或人员

C. 会计主管　　D. 出纳人员

10. 某单位会计部在编制第8号记账凭证时由于业务复杂，一笔经济业务需要填制3张记账凭证，则三张凭证编号为（　　）。

A. 8，9，10　　B. 7，8，9

C. $8\frac{1}{3}$，$8\frac{2}{3}$，$8\frac{3}{3}$　　D. 1/3，2/3，3/3

11. 收款凭证左上角的会计科目为（　　）。

A. 借方　　B. 贷方　　C. 材料　　D. 固定资产

12. 付款凭证左上角的“贷方科目”可能登记的科目是（　　）。

A. 应付账款　　B. 银行存款　　C. 预付账款　　D. 其他应付款

13. 原始凭证金额有错误的，应当（　　）。

A. 在原始凭证上更正　　B. 由出具单位更正并且加盖公章

C. 由经办人更正　　D. 由出具单位重开，不得在原始凭证上更正

（二）多项选择题

1. 填制和审核会计凭证在经济管理中具有的重要意义有（　　）。

A. 记录经济业务，提供记账依据　　B. 明确经济责任，强化内部控制

C. 监督经济活动，控制经济运行　　D. 为编制会计报表，提供数据资料

E. 控制经济活动

2. 会计凭证按其编制的程序和用途不同，可分为（　　）。

A. 外来凭证　　B. 自制凭证　　C. 原始凭证

D. 记账凭证　　E. 账簿

3. 原始凭证的基本内容包括（　　）。

A. 凭证名称、填制日期、编号　　B. 经济业务内容摘要

C. 经济业务内容摘要　　D. 填制、经办人员的签字、盖章

E. 报销日期

4. 原始凭证的审核内容主要包括：审核原始凭证的（　　）等方面。

A. 真实性　　B. 合法性　　C. 合理性

D. 正确性　　E. 完整性

5. 各种原始凭证应按（　　）要求填制。

A. 记录真实　　B. 内容完整　　C. 手续完备

D. 书写清楚　　E. 书写规范

6. 记账凭证必须具备（　　）的签名或盖章。

A. 审核人员　　B. 会计主管人员　　C. 记账人员

D. 制证人员　　E. 企业法人

7. 填制记账凭证应根据（　　）。

A. 收款凭证　　B. 付款凭证　　C. 自制原始凭证

D. 外来原始凭证　　E. 转账凭证

8. 记账凭证必须根据审核无误的原始凭证填制，除（　　）的记账凭证可以不附原始凭证外，其他记账凭证必须附原始凭证。

A. 收款　　B. 转账　　C. 结账

D. 更正错误　　E. 付款

9. 记账凭证的填制除做到记录真实、内容完整、填制及时、书写清楚，还必须符合（　　）等要求。

A. 如有空行，应当在空行处划线注销

B. 发生错误应该按规定的方法更正

C. 必须连续编号

D. 除另有规定外，应该有附件并注明附件张数

E. 编制日期

10. 审核记账凭证的主要内容包括（　　）。

A. 内容是否真实

B. 项目是否齐全

C. 书写是否正确

D. 应借、应贷的科目对应关系是否清晰正确

E. 金额是否正确

三、判断题

1. 从外单位取得的原始凭证遗失时，必须取得原签发单位盖有公章的证明，并注明原始凭证的号码、金额、内容等，由经办单位会计机构负责人、会计主管人员审核签章后，才能代作原始凭证。（　　）

2. 企业在与外单位发生的任何经济业务中，取得的各种书面证明都是原始凭证。（　　）

3. 自制原始凭证是由企业财会部门自行填制的原始凭证。（　　）

4. 外来原始凭证是指企业财会部门从外部购入的原始凭证。（　　）

5. 经济业务存在多样性，原始凭证的形式大不相同，为了反映不同的经济业务，原始凭证的基本内容因此而各有不同。（　　）

6. 有关部门应对原始凭证认真审核并签章，对凭证的真实性、合法性负责。（　　）

7. 对于不真实、不合法的原始凭证，会计人员应要求有关经办人员及财务负责人签字后，再正式办理会计手续。（　　）

8. 从个人取得原始凭证，必须有填制人员的签名盖章。（　　）

四、业务实训题

实务训练一

例 1：长风制药有限公司 2009 年 9 月 10 日销售感冒清 10 件，单价 200 元，价款 2000 元，销项税额 340 元，价税合计 2340 元，开出增值税专用发票一式四联，对方以转账支票办理结算，要求填制增值税专用发票（购货单位：风华医药公司，纳税识别号：410105460877686，地址：太原市二七路 132 号，电话：7566787，开户行及账号：工商银行郑州支行二七路分理处 0874396618）。

例 2：长风制药公司 2009 年 9 月 3 日一号车间从仓库领用甘草 80kg，单价 100 元，地黄 10kg，单价 128 元，要求填制领料单。

实务训练二

广远制药公司为一家从事药品生产和销售的公司，根据2009年9月发生的以下经济业务填制记账凭证：

（1）9月1日从银行提取现金8000元，备用。

（2）9月2日购入一辆汽车，价款80000元。

（3）9月10日购入一系列办公用品，共花费60000元。

（4）9月13日购入天麻一批，价款2000元，税率为17%，货款已付，材料已验收入库。

（5）9月15日，生产保和丸领用材料，其中：连翘1000元，山楂300元。

（6）9月20日，收到所欠款项20000元，存入银行。

（7）9月25日，提取固定资产折旧4394.23元，其中：行政部门3259.47元，车间1134.76元。

（8）9月30日，分配工资，其中：生产车间为11000元，车间管理部门为1000元，行政管理人员为2000元。

（9）同时，按14%提取福利费用。

第六章 银行转账结算业务的核算

学习目标

掌握填写各种银行转账业务票据时的基本要求，能熟练地根据银行转账业务编制会计凭证。

重点难点

本章的学习重点、难点是掌握支票、银行汇票、商业汇票、委托收款四种不同的银行转账业务结算的具体运用和商业汇票贴现的核算。

货币资金是指企业生产经营过程中停留于货币资金形态的那部分资金，包括库存现金、银行存款和其他货币资金。

货币资金是企业流动资产的重要组成部分，也是流动性最强的一部分资产，在日常生产经营过程中，企业的许多经济活动都通过货币资金的收付进行，一些舞弊事件，也大都与货币资金有关。因此，企业应重视和加强货币资金的管理和核算。

第一节 现金的核算

会计核算中的现金，指库存现金，即存放在会计部门由出纳人员经营的现款，在我国，大部分企业以人民币作为记账本位币。因此，库存现金一般指人民币。

一、现金的管理

为了调节货币流通，集中资金支援国家建设，各类企业根据国家关于现金管理制度的规定，对现金进行管理，其主要内容包括以下几方面。

(一) 现金的使用范围

根据国务院颁布的《现金管理暂行条例》，企业可以在下列范围内使用现金：

① 职工工资、津贴；

② 个人劳务报酬；

③ 根据国家规定，颁发给个人的科学技术、文化艺术、体育等各种奖金；

④ 各种劳保、福利费用以及国家规定的对个人的其他支出；

⑤ 向个人收购农副产品和其他物资的价款；

⑥ 出差人员必须随身携带的差旅费；

⑦ 结算起点（1000 元）以下的零星支出；

⑧ 中国人民银行规定的可支付现金的其他支出。

企业发生属于上述现金开支范围的支出，可向银行提取现金支付。凡不属于上述现金开支范围的支出，一律通过开户银行进行转账结算。

(二) 现金的库存限额

为了零星开支现金的需要，企业可根据规定经常保持一定数额的现金。企业库存现金的数额，由开户银行根据企业的实际需要予以核定，其最高限额一般以企业3～5天的日常零星开支所需的现金量核定。如果企业位居边远地区和交通不便地区，距开户银行较远，可以按多于5天，但不得超过15天的日常零星开支的需要量核定库存现金的限额。

企业对核定的库存现金限额，必须严格遵守，不得任意超过。对每天的现金结存数超过限额的部分，应及时送存开户银行。库存现金低于限额时，可以签发现金支票，从银行提取现金，补足限额。

（三）现金的日常收支

按照《现金管理暂行条例》，企业的日常现金收支应遵守下列规定。

① 企业的现金收入应于当日送存开户银行。当日送存确有困难的，由开户银行确定送存时间。

② 企业支付现金，可以从本单位库存现金限额中支付或者从开户银行提取，不得从本单位的现金收入中直接支付（即坐支）。因特殊情况需要坐支现金的，应事先报经开户银行审批，由开户银行核定坐支范围和限额。坐支单位应当定期向开户银行报送坐支金额和使用情况。

③ 企业按规定从开户银行提取现金，应当写明用途，由本单位财会部门负责人签字盖章，接受开户银行的审批。

④ 因采购地点不固定，交通不便，生产或者市场急需，抢险救灾以及其他特殊情况必须使用现金的，企业应当向开户银行提出申请，由本单位财会部门负责人签字盖章，经开户银行审批后，予以支付现金。

（四）现金的内部牵制

企业的日常现金收支比较频繁，为避免出现差错，企业的现金收支和核算工作，应实行内部牵制制度。即一切现金的收支、物资的进出及其会计手续的处理，必须由两人以上负责，以便互相制约、互相监督。具体讲，企业的库存现金应由出纳人员保管并负责收付。但经管现金的出纳人员不得兼管企业的收入、费用、债权、债务等账簿的登记工作，以及会计稽核和会计档案保管工作；填写银行结算凭证的有关印鉴应实行分管制度，不能全部由出纳人员保管；出纳人员应根据经审核签字后的收、付款凭证，对有关业务进行现金收支；企业应定期或不定期地对库存现金进行清查，以保证库存现金的安全和完整。

二、现金的核算

现金的核算，包括序时核算和总分类核算。

（一）现金的序时核算

现金的序时核算，是指企业财会部门通过设置和登记“现金日记账”，对库存现金进行的明细核算。企业的“现金日记账”由出纳人员根据审核后的原始凭证或现金收款凭证、现金付款凭证逐日逐笔序时登记。企业发生从银行提取现金的业务，一般编制银行存款的付款凭证，并据以登记“现金日记账”。每日终了，出纳人员应计算当日现金收入、支出合计数和结存数，并且同现金的库存数核对相符，做到日清月结、账款相符。

有外币现金的企业，应分别对人民币现金、外币现金设置“现金日记账”进行明细核算。

（二）现金的总分类核算

现金的总分类核算，是指企业财会部门通过设置和登记现金的总分类账户，对库存现金进行的总括核算。

为了总括反映库存现金的收入、支出和结存情况，企业应设置“现金”账户。其借方登记现金的支出数、借方余额，反映现金的库存数。

企业总分类账中的“现金”账户，由会计人员根据现金收款凭证和现金付款凭证，或者汇总记账凭证、科目汇总表等逐笔或者定期或者月终进行登记。

（三）现金收付的账务处理

① 企业签发现金支票一张，从开户银行提取现金200元，补充库存限额，其会计分录如下。

借：库存现金　　　　　　　　200

　贷：银行存款　　　　　　　　200

② 以现金20元购买办公用品，其会计分录如下。

借：管理费用　　　　　　　　20

　贷：库存现金　　　　　　　　20

③ 职工李荣预借差旅费500元，其会计分录如下。

借：其他应收款——李荣　　　　500

　贷：库存现金　　　　　　　　500

第二节　银行存款的核算

银行存款是企业存放在银行或其他金融机构的货币资金，企业应按照银行结算办法的规定，加强对银行存款的管理，正确组织银行存款的核算。

一、银行存款的管理

（一）开立银行存款账户

企业应在其所在地银行的一个分支机构或其他金融机构开立存款户，用以保存企业的货币资金，并办理转账结算业务，开户时，企业应持有关证明文件办理开户手续，并在银行预留有效印章样本，银行为企业确立账号，开户后，企业应将库存现金限额以外的所有货币资金存入银行。企业发生各项经济往来，除制度规定可用现金支付以外的部分，都必须通过开户银行办理转账结算。企业在开户银行的账户内必须保存可供支付的存款数额。

（二）遵守银行结算纪律

企业办理结算，必须严格执行银行结算办法规定的结算制度，遵守结算纪律。不得出租、出借账户；不得签发空头支票和远期支票；不得套用银行信用。

（三）银行存款的内部牵制

企业对银行存款的管理，也应实行内部牵制制度，即企业出纳人员负责办理银行存款的收付业务，但出纳人员不得兼管企业收入、费用、债权、债务等账簿的登记工作；企业批准签发支票、具体签发支票及印鉴加盖等工作，不能由一人统管，应分别由两人或两人以上共同办理。

二、银行存款的核算

银行存款的核算，也包括序时核算和总分类核算。

（一）银行存款的序时核算

企业对每天发生的银行存款收付业务，应按开户银行和其他金融机构、存款种类等设置“银行存款日记账”进行序时核算。“银行存款日记账”应由出纳人员根据审核后的银行结算凭证填制收款凭证或付款凭证后，逐日逐笔序时登记。企业发生先进存入银行的业务，一般编制现金付款凭证，并据以登记“银行存款日记账”。每日终了，出纳人员应结出余额，月末进行“月结”。“银行存款日记账”应定期与“银行对账单”核对，若核对不符时，应根据具体情况，按规定予以更正或编制“银行存款余额调节表”，调节相符。

有外币存款的企业，应当设置外币银行存款日记账进行序时核算。

（二）银行存款的总分类核算

为了总括反映企业银行存款的存入、支出和结存情况，企业应设置“银行存款”账户。其借方登记银行存款的收入数；贷方登记银行存款的付出数。借方余额反映银行存款的结存数。

企业总账中的“银行存款”账户，由会计人员根据审核无误的收款、付款记账凭证或汇总记账凭证或科目汇总表等进行登记。企业将款项存入银行或其他金融机构，借记本账户，贷记现金等账户；提取或支用存款时，借记现金等账户，贷记本账户。

企业银行存款总分类账户余额与“银行存款日记账”中的余额应保持一致，做到账账相符。

第三节 银行账款结算业务的核算

一、支票结算方式及其核算

（一）支票的概念

支票是出票人签发的，委托办理支票存款业务的银行或者其他金融机构在见票时无条件支付确定的金额给收款人或者持票人的票据。

支票的基本要素，即支票必须记载下列事项：

① 标明“支票”的字样；

② 无条件支付的委托；

③ 确定的金额；

④ 付款人的名称；

⑤ 出款日期；

⑥ 出票人签章。

根据我国《票据法》规定，支票上未记载前款规定事项之一的，支票无效。

（二）支票的种类

按照支付票款的方式，支票结算凭证可以分为现金支票和转账支票两种。

1. 现金支票

支票中专门用于支取现金的，可以另行使用现金支票，但现金支票不得用于转账，不得背书转让。

2. 转账支票

支票中专门用于转账的，可以另行使用转账支票，转账支票只能用于转账，不得支取现金。

现金支票样式，如图 6-1 所示。

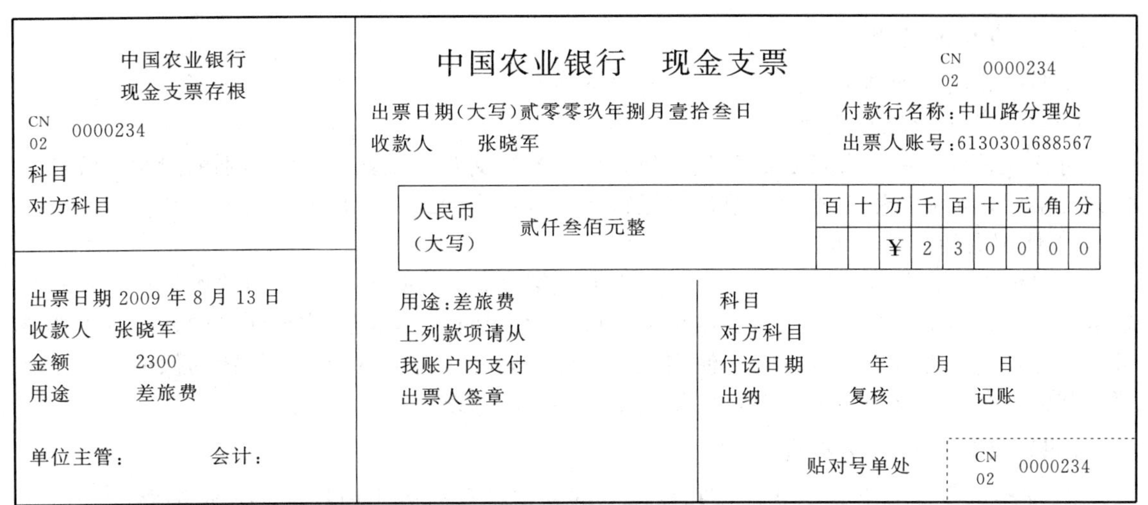

中国农业银行
现金支票存根
CN
02 0000234
科目
对方科目

出票日期 2009 年 8 月 13 日
收款人 张晓军
金额 2300
用途 差旅费

单位主管： 会计：

中国农业银行 现金支票 CN 02 0000234

出票日期(大写)贰零零玖年捌月壹拾叁日 付款行名称:中山路分理处
收款人 张晓军 出票人账号:6130301688567

人民币（大写）	百	十	万	千	百	十	元	角	分
贰仟叁佰元整			¥	2	3	0	0	0	0

用途:差旅费
上列款项请从
我账户内支付
出票人签章

科目
对方科目
付讫日期 年 月 日
出纳 复核 记账

贴对号单处 CN 02 0000234

图 6-1 现金支票样式

转账支票样式，如图 6-2 所示。

中国农业银行
现金支票存根
CN
02 0000269
科目
对方科目

出票日期 2009 年 8 月 13 日
收款人:山西生物科技有限公司
金额 3690.00
用途 货款

单位主管： 会计：

中国农业银行 现金支票 CN 02 0000234

出票日期(大写)贰零零玖年捌月壹拾叁日 付款行名称:新建路分理处
收款人 山西生物科技有限公司 出票人账号:6130301688369

人民币（大写）	百	十	万	千	百	十	元	角	分
叁仟陆佰玖拾元整			¥	3	6	9	0	0	0

用途:货款
上列款项请从
我账户内支付
出票人签章

科目
对方科目
付讫日期 年 月 日
出纳 复核 记账

贴对号单处 CN 02 0000234

图 6-2 转账支票样式

支票票背面样式，如图 6-3 所示。

被背书人	被背书人	被背书人
背书人签章 年 月 日	背书人签章 年 月 日	背书人签章 年 月 日

持票人向银行
提示付款签章：

身份证件名称：
号 码：
发证机关：

（粘贴单处）

图 6-3 支票票背面样式

（三）支票的特点

支票结算同其他结算方式相比，具有以下特点。

① 手续简便，结算迅速。

付款人只要在银行有足够的存款，他就可以签发支票给收款人，没有别的限制。收款人收到支票后，填制进账单连同支票送交银行，一般在当天或者次日即可入账用款。

② 使用灵活，信誉可靠。

支票可以由付款人向收款人签发以直接办理结算，也可以由付款人出票委托银行主动付款给收款人，另外转账支票在指定城市中还可以背书转让，结算形式灵活多样，而且支票既可以办理转账，也可以支取现金，使用灵活方便。同时，由于银行结算纪律的保证，单位必须在其银行存款余额内签发支票，使得支票得到偿付的系数很高。

（四）支票结算的基本规定

① 支票的金额起点为100元，起点以下的款项结算一般不使用支票，但缴纳公用事业费、缴拨基本养老保险金等，可不受金额起点的限制。

② 单位和个人要签发支票时，应使用碳素墨水和墨汁，将支票上的各要素填写齐全，也可用压数机压出支票金额并在支票上加盖其预留银行签章，做到字迹清晰，印鉴清楚。

③ 支票一律记名，支票上未记载收款人名称的，经出票人授权，可以补记；收票人可以在支票上记载自己为收款人。

④ 支票限于见票即付，不得另行记载付款日期。另行记载付款日期的，该记载无效。

⑤ 支票的持票人应当自出票日起10日内提示付款；异地使用的支票，其提示付款的期限由中国人民银行另行规定。超过提示付款期限的，付款人可以不予付款；付款人不予付款的，出票人仍应当对持票人承担票据责任。

⑥ 支票的出票人所签发的支票金额不得超过其付款时在付款人处实有的存款金额。出票人签发的支票金额超过其付款时在付款人处实有的存款金额的，为空头支票。禁止签发空头支票。

⑦ 支票上的金额可以由出票人授权补记。未补记前的支票，不得使用。支票上的大小写金额应当一致。

⑧ 支票的出票人不得签发与其预留本名的签名式样或者印鉴不符的支票。

⑨ 出票人签发空头支票，签发与预留银行签章不符的支票，银行应予退票，并按票面金额处以5%但不低于1000元的罚款；持票人有权要求出票人赔偿支票金额2%的赔偿金。对屡次签发的，银行应停止其签发支票。

⑩ 支票不得随意折皱、污损，否则作无效支票处理。支票的日期、金额、收款人不得更改，更改的票据无效。支票上的其他记载事项更改的，必须由原记载人签章。

（五）支票结算的程序

1. 现金支票的结算程序

现金支票的结算程序，如图6-4所示。

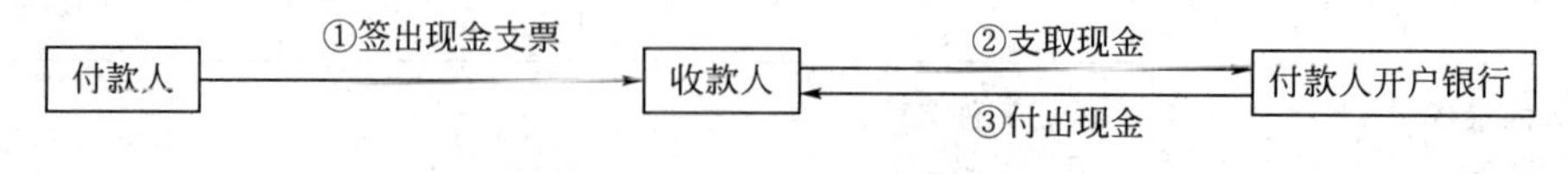

图6-4　现金支票的结算程序

2. 转账支票的结算程序

① 转账支票由收款人提交银行的结算程序，如图6-5所示。

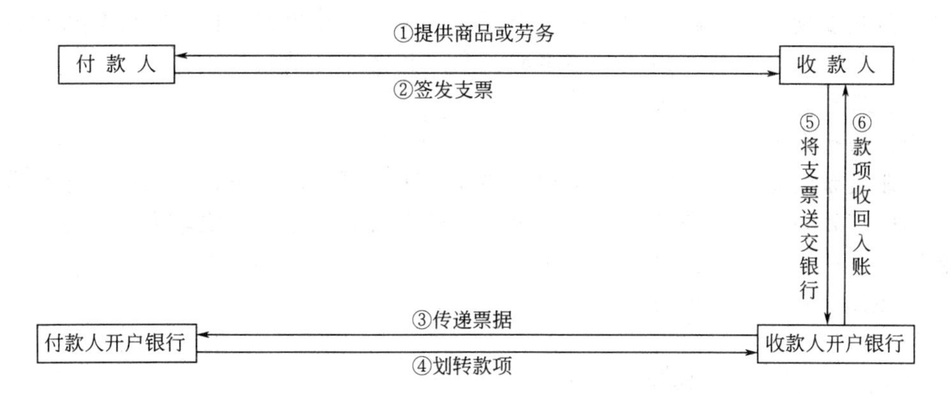

图 6-5　转账支票由收款人提交银行的结算程序

② 转账支票由付款人送交其开户银行的结算程序，如图 6-6 所示。

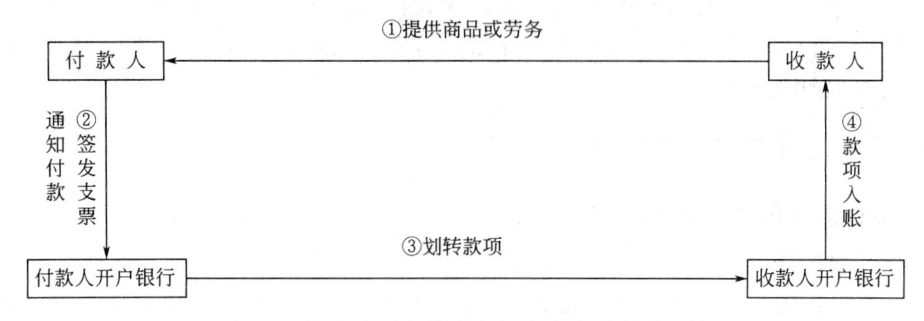

图 6-6　转账支票由付款人提交银行的结算程序

（六）支票的使用及日常管理

1. 票的领购与注销

（1）支票的领购　企业向开户银行领用支票时，必须填写一式三联的银行支票购用单并加盖银行预留印鉴，送交银行办理。经银行核对印鉴相符后，在“重要空白凭证登记簿”上注明领用日期、领用单位、支票起讫号码、密码号码等。银行同时按规定收取一定的工本费和手续费。

单位领购支票时缴纳的工本费、手续费，应根据银行收费收据进行会计核算，其会计分录如下。

借：财务费用——手续费

　贷：银行存款（现金）

按规定，每个账户一次只准购买一本支票，业务量大的可适当放宽。支票只有在加盖银行企业预留银行印鉴和签发人账号后方为有效。

（2）支票的注销　企业因撤销、破产、合并、分立或其他原因需要撤销银行账户时，必须将全部剩余未用的空白支票及作废支票交回银行注销。

2. 支票的签发

（1）现金支票的签发　如果单位签发现金支票到银行提取现金以发放工资或补充库存现金，则应在“收款人”栏填写本单位名称，并在支票背面加盖预留银行印鉴，即可到银行取款。其会计分录如下。

借：库存现金

　贷：银行存款

如果单位签发现金支票给其他单位或个人，则应在“收款人”栏填写收款单位或个人的名称，并要求其在现金支票存根联上签字或盖章。其会计分录如下。

借：管理费用（其他有关科目）

　贷：银行存款

（2）转账支票的签发　付款单位出纳员签发转账支票，首先应查验本单位银行存款账户是否有足够的存款余额，以免签发空头支票，然后再按要求逐项地填写支票的内容。付款单位签发转账支票后，其会计分录如下。

借：在途物资（或其他有关科目）

　贷：银行存款

3. 印章挂失及更换预留印鉴

存款单位或个人将预留银行印章遗失时，应当向开户银行出具正式公函并填写“更换印鉴申请书”，由开户银行办理更换印鉴手续。印鉴遗失前签发的支票，在支票有效期内仍属有效。如在挂失前，单位的印鉴被盗用，签发支票被人冒领的，由单位自行负责。

由于单位名称、人员变更或印鉴磨损等原因需要更换预留印鉴的，填写“更换印鉴申请书”，向银行办理印鉴更换手续。

二、银行汇票结算方式及其核算

（一）银行汇票的概念及特点

1. 银行汇票的定义

银行汇票是汇款人将款项交存当地银行，由银行签发给汇款人持往异地办理转账结算或支取现金的票据。银行汇票结算方式是指利用汇票办理转账结算的方式。

2. 银行汇票的特点

（1）适用范围　银行汇票是目前异地结算中较为广泛采用的一种结算方式。银行汇票适用于异地单位、个体经济户和个人之间需要支付的各种款项。凡在银行开立账户的单位、个体经济户和未在银行开立账户的个人，都可以向银行申请办理银行汇票，而且也都可以受理银行汇票。

（2）票随人到，用款及时，使用灵活，兑现性强　银行汇票是人到票到，持票人可一笔转账，也可分次付款，还可以通过银行办理转汇，或将银行汇票背书转让。而且银行汇票既可以用于转账结算，在填明“现金”字样后，也可以用于支取现金，兑现性很强。

（3）信用度高，安全可靠　银行汇票是银行在收到汇款人款项后签发的支付凭证，具有较高的信用。而且当汇票遗失时，失票人可以凭人民法院出具的其享有票据权利的证明，向出票银行请求付款或退款。

3. 银行汇票的当事人

（1）出票人　银行汇票结算的出票人是指签发汇票的银行。按照规定，银行汇票的签发和解付，全国范围内仅限于参加“全国联行往来”的中国人民银行和各商业银行机构，非银行机构不得签发银行汇票。

（2）收款人　它是指从银行提取汇票所汇款项的单位和个人。收款人可以是“汇款人”本身，也可以是与汇款人有着商品交易往来、汇款人要与之办理结算的其他人。

（二）银行汇票结算的基本规定

① 银行汇票一律记名，必须指定某一特定人为汇票收款人。

② 银行汇票汇款额起点为500元，付款期限为一个月（不分大月、小月，统按次月对

日计算。到期日遇节假日顺延）。逾期的银行汇票，兑付银行不予受理。

③ 汇款人持银行汇票可以向填明的收款单位或个体经济户办理结算。收款人为个人的也可以持转账的银行汇票经背书向兑付地的单位或个体经济户办理结算。

单位和个体经济户受理银行汇票时应审查下列内容：

a. 收款人或被背书人确为本收款人；

b. 银行汇票在付款期内，日期、金额等填写正确无误；

c. 印章清晰，有压数机压印的金额；

d. 银行汇票和解讫通知齐全、相符；

e. 汇款人或背书人的证明或证件无误，背书人证件上的姓名与其背书相符。

审核无误后在汇款金额以内根据实际需要的款项办理结算，并将实际结算金额和多余的金额准确、清晰地填入银行汇票和解讫通知的有关栏内。银行汇票的多余金额由签发银行退交汇款人。

④ 在银行开立账户的收款人或被背书人受理银行汇票后，在汇票背面加盖预留银行印章，连同解讫通知、进账单送交开户银行办理转账。未在银行开立账户的收款人持银行汇票向银行支取款项时，必须交验本人身份证或兑付地有关单位足以证实收款人身份的证明，并在银行汇票背面盖章或签字，注明证件名称、号码及发证机关后，才能办理支取手续。

（三）银行汇票的结算程序

银行汇票结算程序，如图 6-7 所示。

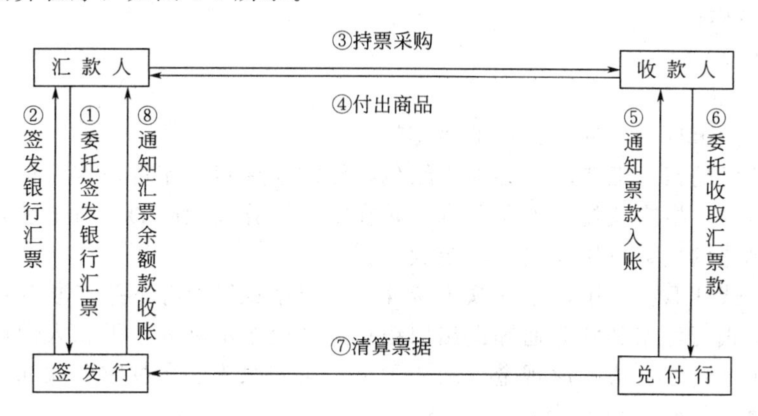

图 6-7　银行汇票结算程序

（四）银行汇票的使用及管理

1. 银行汇票的申请

汇款单位或个人申请办理银行汇票时，应向签发银行填写“银行汇票申请书”，按银行汇票申请书所列项目逐项填明申请日期、申请人名称和账号、收款人名称和账号、用途、代理付款行、汇票金额等事项，并在申请书第二联“申请人盖章”处签章，签章为其预留银行的印鉴。

“银行汇票申请书”一式三联，其中，第一联是存根，银行盖章后交汇款人留作记账的凭证，第二联、第三联是签发行内部使用的凭证。如图 6-8 所示。

2. 银行汇票的签发

出票银行对银行汇票申请书的内容和印鉴验证无误，并收妥款项后，即可向申请人签发银行汇票。

银行汇票必须记载下列事项：

××银行汇票申请书（存根）　　1

申请日期　　　　　　　　　年　　月　　日　　　　　　　　　　第　　号

<table>
<tr><td>申请人</td><td></td><td>收款人</td><td colspan="10"></td><td rowspan="6">此联申请人留存</td></tr>
<tr><td>账号
或住址</td><td></td><td>账号
或住址</td><td colspan="10"></td></tr>
<tr><td>用途</td><td></td><td>代理
付款行</td><td colspan="10"></td></tr>
<tr><td rowspan="2">汇票金额</td><td colspan="2" rowspan="2">人民币
（大写）：</td><td>千</td><td>百</td><td>十</td><td>万</td><td>千</td><td>百</td><td>十</td><td>元</td><td>角</td><td>分</td></tr>
<tr><td></td><td></td><td></td><td></td><td></td><td></td><td></td><td></td><td></td><td></td></tr>
<tr><td colspan="2">备注________________
________________</td><td colspan="11">科　　目
对方科目

财务主管　　　　复核　　　　经办</td></tr>
</table>

图 6-8　银行汇票申请书

① 表明“银行汇票”的字样；

② 无条件支付的委托；

③ 确定的金额；

④ 付款人名称；

⑤ 收款人名称；

⑥ 出票日期；

⑦ 出票人签章。

欠缺记载上述事项之一的，银行汇票无效。

出票银行签发的银行汇票联上必须用红色印泥加盖规定的印章，省、自治区、直辖市内和跨省、市区域内，按有关规定加盖印章，并在实际结算金额内的小写金额上端用中国人民银行总行统一制作的压数机压印出汇款金额。

银行汇票一式四联。其中，第一联为卡片，由出票银行留存。第二联为银行汇票。第三联为解讫通知，银行汇票和解讫通知由出票银行一并交给汇款人，汇款人便可持此两联银行汇票到异地办理支付结算或支取现金，缺一不可。第四联为多余款收账通知，出票银行将银行汇票金额结算后将此联交申请人。

银行汇票格式，如图 6-9 和图 6-10 所示。

银行签发现金银行汇票，申请人和收款人必须均为个人，申请人或者收款人为单位的，银行不得为其签发现金银行汇票。

签发银行汇票的会计分录如下。

借：其他货币资金——银行汇票

　贷：银行存款

企业用银行汇票购买商品的会计分录如下。

借：在途物资——商品

借：应交税金——应交增值税（进项税额）

　贷：其他货币资金——银行汇票

3. 银行汇票的兑付

① 在银行开立存款账户的持票人向银行提示付款时，应在汇票背面“持票人向银行提示付款签章”处签章，签章必须与其银行预留印鉴相同，并填写一式两联的进账单，同时提

中国银行

银行汇票　　2

汇票号码
第　号

00448988
第　号

付款期限
壹 个 月

出票日期
（大写）

代理付款行：　　行号：

收款人：		账号：801-0056-48								
出票金额	人民币（大写）									
实际结算金额	人民币（大写）	百	十	万	千	百	十	元	角	分

此联代理付款行付款后作联行记账借方凭证附件

申请人：

出票行：

备　注：

凭票付款：

出票行签章：

多余金额										科目（借）
										对方科目（贷）
千	百	十	万	千	百	十	元	角	分	兑付日期：　年　月　日
										复核　　记账

图 6-9　银行汇票格式

中国银行

银行汇票（解讫通知）　　3

00448988
第　号

付款期限
壹 个 月

出票日期
（大写）

代理付款行：中国银行山西分行　　行号：410

收款人：东北制药三		账号：801-0056-48								
出票金额	人民币（大写） 伍万元整									
实际结算金额	人民币（大写） 壹万壹仟肆佰陆拾陆元整	百	十	万	千	百	十	元	角	分
			¥	1	1	4	6	6	0	0

此联代理付款行付款后作联行记账借方凭证附件

申请人：山西药品贸易公司

出票行：中国银行山西省分行

备　注：货款

凭票付款：

出票行签章：

多余金额										科目（借）
										对方科目（贷）
千	百	十	万	千	百	十	元	角	分	兑付日期：　年　月　日
										复核　　记账

图 6-10　银行汇票的解讫通知格式

交银行汇票和解讫通知，银行审查无误后办理转账。

② 未在银行开立存款账户的个人持票人，可以向选择的任何一家银行机构提示付款。提示付款时，应在汇票背面“持票人向银行提示付款签章”处签章，并填明本人身份证件名称、号码及发证机关，由其本人向银行提交身份证及其复印件。银行审核无误后，将其身份证复印件留存备查，并以持票人的姓名开立应解汇票及临时存款账户，该账户只付不收，付完清户，不计付利息。

银行在收到付款人或背书人提交的银行汇票时，经过审查发现有下列情况的，可以予以拒付：

a. 伪造、变造的银行汇票；

b. 非中国人民银行总行统一印刷的全国通汇的银行汇票；

c. 超过付款期限的银行汇票；

d. 缺汇票联或解讫通知联的银行汇票；

e. 银行汇票背书不完整、不连续的；

f. 涂改汇票签发日期、收款人、汇款金额大小写的；

g. 已在银行挂失、止付的现金银行汇票；

h. 银行汇票残损、污染严重无法辨认的。

4. 银行汇票的背书

背书是指汇票持有人将票据权利转让他人的一种票据行为。票据权利是指票据持有人向票据债务人直接请求支付票据中所规定的金额的权利。通过背书转让其权利的人称为背书人，接受经过背书汇票的人就被称为被背书人。

5. 银行汇票的结算与退款

① 银行汇票的兑付银行按实际结算金额办理入账后，将第三联解讫通知传递给汇票签发银行，该银行核对后将余款转入汇款人账户，并将银行汇票余款收账通知转给汇款人，汇款人据此办理入账手续。

汇款人收到余款后的会计分录如下。

借：银行存款

  贷：其他货币资金——银行汇票

② 汇款人由于银行汇票超过了付款期限或其他原因没有使用银行汇票而要求退款时，可持银行汇票和解讫通知，针对不同的情况到签发银行申请退款。

a. 在银行开立账户的汇款单位申请退款：汇款单位向签发银行写出书面公函，说明退款原因，并将未用的“银行汇票联”和“解讫通知联”交回汇票签发银行，银行将这两联同银行留存的银行汇票“卡片联”核对无误后办理退款手续，将银行汇票金额划入汇款单位账户。

b. 未在银行开立账户的汇款单位申请退款：汇款单位将未用的“银行汇票联”和“解讫通知联”交回汇票签发银行，并向签发银行出示申请退款单位的有关证件，签发银行审验无误后办理退款。

c. 汇款单位缺少“银行汇票联”或“解讫通知联”之一申请退款：汇款单位将剩余的一联交回汇票签发银行，同时写出书面公函，说明短缺其中之一的原因，经签发银行审查同意后办理退款手续。

三、商业汇票结算方式及其核算

（一）商业汇票的概念、种类

1. 商业汇票的定义

商业汇票是由收款人或付款人（或承兑人承兑）签发的，在指定日期无条件支付确定的金额给收款人或者持票人的票据。

2. 商业汇票的种类

商业汇票按其承兑人的不同，分为银行承兑汇票和商业承兑汇票。

① 银行承兑汇票是指在承兑银行开立存款账户的存款人向开户银行申请，经银行审查同意承兑的票据。如图 6-11 所示。

银行承兑汇票

出票日期（大写）　　年　月　日　　　汇票号码 第　号

<table>
<tr><td>出票人全称</td><td colspan="2"></td><td rowspan="3">收款人</td><td>全称</td><td colspan="2"></td></tr>
<tr><td>出票人账号</td><td colspan="2"></td><td>账号</td><td colspan="2"></td></tr>
<tr><td>付款行全称</td><td colspan="2">行号</td><td>开户银行</td><td colspan="2">行号</td></tr>
<tr><td>汇票金额</td><td colspan="5">人民币
（大写）</td><td>千 百 十 万 千 百 十 元 角 分</td></tr>
<tr><td>汇票到期日</td><td></td><td colspan="3" rowspan="2">本汇票已经承兑，到期日由本行付款
承兑行签章
承兑日期　年　月　日</td><td>承兑协议编号</td><td></td></tr>
<tr><td colspan="2" rowspan="2">本汇票请你行承兑，到期无条件付款

出票人签章
年　月　日</td><td colspan="2" rowspan="2">科目（借）……………………
对方科目（贷）………………
转账　年　月　日

复核　记账</td></tr>
<tr><td colspan="3">备注：</td></tr>
</table>

图 6-11　银行承兑汇票样式

② 商业承兑汇票是指由收款人签发，经付款人承兑，或者由付款人签发并承兑的票据。如图 6-12 所示。

商业承兑汇票

出票日期（大写）　　年　月　日　　　汇票号码 第　号

<table>
<tr><td rowspan="3">付款人</td><td>全称</td><td></td><td rowspan="3">收款人</td><td>全称</td><td></td></tr>
<tr><td>账号</td><td></td><td>账号</td><td></td></tr>
<tr><td>开户银行</td><td>行号</td><td>开户银行</td><td>行号</td></tr>
<tr><td colspan="2">出票金额</td><td colspan="3">人民币
（大写）</td><td>千 百 十 万 千 百 十 元 角 分</td></tr>
<tr><td colspan="2">汇票到期日</td><td></td><td colspan="2">交易合同号码</td><td></td></tr>
<tr><td colspan="3">本汇票已经承兑，到期无条件支付票款

承兑人签章
承兑日期　年　月　日</td><td colspan="3">本汇票请予以承兑于到期日付款

出票签章</td></tr>
</table>

图 6-12　商业承兑汇票样式

（二）商业汇票结算的基本规定

① 在银行开立存款账户的法人以及其他组织之间，必须具有真实的交易关系或债权、债务关系，才能使用商业汇票。

② 商业汇票一律记名，允许背书转让。签发人或承兑人在汇票正面记明“不准转让”字样的，该汇票不得背书转让，否则签发人或承兑人对被背书人不负保证付款的责任。

③ 商业汇票的付款期限，最长不得超过 9 个月。

a. 定日付款的汇票付款期限自出票日起计算，并在汇票上记载具体的到期日。

b. 定期付款的汇票付款期限自出票日起按月计算，并在汇票上记载。

④ 每张银行承兑汇票的承兑金额最高不得超过 1000 万元人民币。

⑤ 符合条件的商业汇票的持票人可持未到期的商业汇票向银行申请贴现。

（三）商业汇票的结算程序

1. 商业承兑汇票的结算程序

① 由付款单位签发商业承兑汇票的结算程序，如图 6-13 所示。

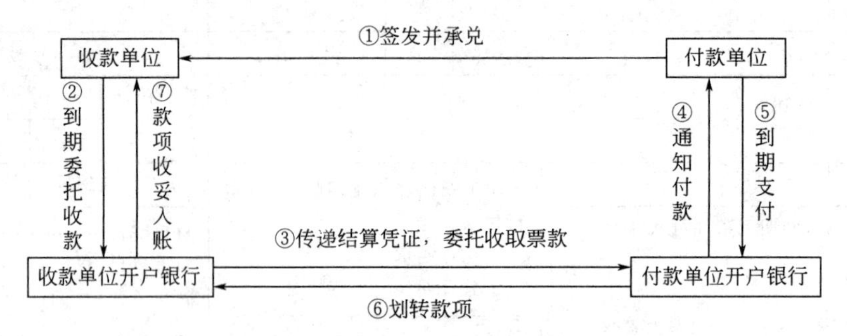

图 6-13　付款单位签发汇票的结算程序

② 由收款单位签发商业承兑汇票的结算程序，如图 6-14 所示。

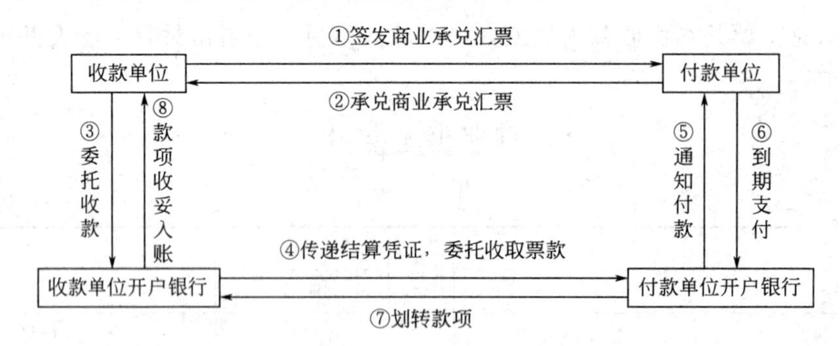

图 6-14　收款单位签发汇票的结算程序

2. 银行承兑汇票的结算程序

如图 6-15 所示。

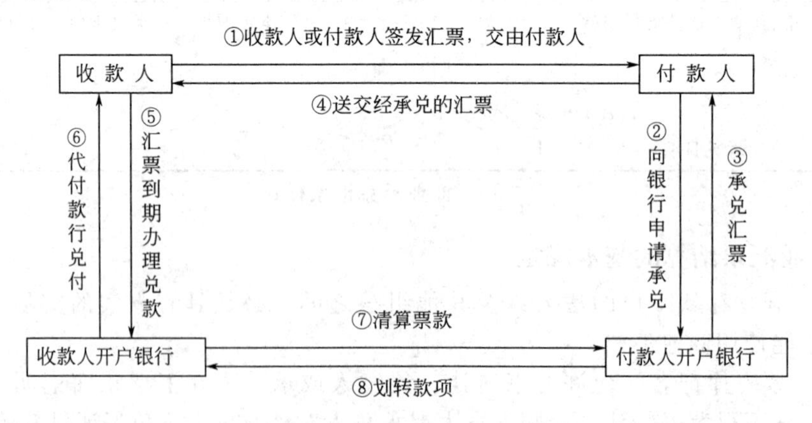

图 6-15　银行承兑汇票的结算程序

（四）商业汇票的贴现

贴现是指商业汇票的持有人在汇票到期日前，为了取得一定的资金，把未到期的商业汇票交给银行，银行按照票面金额扣收自贴现日至汇票到期日之间的利息后，将余下的净额交给汇票持有人，即汇票持有人贴付一定的利息将票据权利转让给金融机构的票据行为。

1. 申请贴现

商业汇票的持有人持未到期的商业汇票到银行申请贴现时，应先填写“贴现凭证”，贴现凭证一式五联，其中，第一联（代申请书）交银行作付出传票；第二联（收入凭证）交银行作贴现单位账户收入传票；第三联（收入凭证）交银行作贴现利息收入传票；第四联（收账通知）交银行作贴现申请单位的收账通知；第五联（到期卡）交会计部门按到期日排列保管，到期日作贴现收入凭证。

2. 商业汇票贴现的核算

① 贴现天数，是指自贴现之日起至汇票到期日止的期限，其计算方法是：“算头不算尾”，即从贴现之日起至汇票到期前一日的天数。

② 贴现率，按有关规定是现有同档次信用贷款利率上浮3%执行。

③ 付贴现金额按票面金额扣除贴现日至汇票到期前一日的利息计算。

④ 贴现利息、实付贴现金额的计算公式为

贴现利息＝票面到期值×贴现天数×贴现率(月贴现率÷30)

实付贴现金额＝票面到期值－贴现利息

⑤ 商业汇票贴现的账务处理。

【例6-1】 光明公司收到商业汇票一张，票面金额为50000元，贴现天数为40天，月贴现率为3.5‰，要求计算实付贴现金额并编制会计分录。

第一步，计算实付贴现金额

贴现利息＝50000×40×(3.5‰÷30)

＝233.33（元）

实付贴现金额＝50000－233.33＝49766.67（元）

第二步，编制贴现业务的会计分录如下。

借：银行存款　　49766.67

借：财务费用——贴现利息　　233.33

　贷：应收票据　　500000

四、委托收款结算方式及其核算

(一) 委托收款的概念、种类及特点

1. 委托收款的定义

委托收款，是指收款人委托银行向付款人收取款项的结算方式。不论是单位还是个人，均可以使用委托收款结算方式。委托收款结算方式是建立在商业信用基础上的结算方式，它是由收款人先提供货物或劳务，然后委托银行收取款项，银行不参与监督，结算中发生争议由双方自行协商解决。

2. 委托收款的种类

委托收款按凭证传递程序分为：邮寄、电报两种方式。邮寄方式费用低但速度慢，电报方式费用略高但速度较快。

3. 委托收款的特点

① 使用方便，不受金额起点的限制。

② 使用范围广，不论同城还是异地，不论是商品交易、提供劳务还是其他应收款项，都可以采用。

（二）委托收款结算的基本规定

① 委托收款的付款期限为 3 天，从付款人开户银行发出付款通知的次日算起，付款期内遇节假日顺延。付款人在付款期内未向银行提出异议，银行视作同意付款，并在付款期满的次日开始营业时，主动将款项划给收款人。

② 拒绝付款。付款人审查有关债务证明后，对收款人委托收取的款项有异议，可以提出拒绝付款，并办理拒绝付款手续。

拒绝付款分为全部拒付和部分拒付。

付款人对收款人委托收取的款项需要全部拒绝付款的，应在付款期内填制“委托收款结算全部拒绝付款理由书”，说明全部拒绝付款理由，并加盖银行预留印鉴，连同开户银行转来的有关单证送交开户银行，银行不负责审查拒付理由。

付款人对收款人委托收取的款项需要部分拒绝付款的，应在付款期内填制“委托收款结算部分拒绝付款理由书”，说明部分拒绝付款理由，并加盖银行预留印鉴，送交开户银行，银行办理部分划款后将部分拒绝付款理由书寄给收款人开户银行转交收款人。

委托收款结算拒绝付款理由书，如图 6-16 所示。

托收承付/委托收款 结算 全部/部分 拒绝付款理由书（回单或付款通知）

拒付日期　　年　月　日　　原托收号码

付款人	全称		收款人	全称	
	账号			账号	
	开户银行	行号		开户银行	行号
委托金额		拒付金额		部分付款金额	千 百 十 万 千 百 十 元 角 分
附寄单证张	拒付理由：	部分付款金额（大写）			
				付款盖章	

此联银行给付款人的回单或付款通知

图 6-16　委托收款结算拒绝付款理由书

③ 无款支付。付款人在付款期满日银行营业终了前如无足够资金支付全部款项，即为无款支付。银行应于次日上午开始营业时，通知付款人将有关债务凭证（凭证已作账务处理的，付款人可以填制“应付款项证明单”）在两天内退回开户银行。银行将有关结算凭证连同债务凭证或应付款项证明单退回收款人开户银行转交收款人。

（三）委托收款结算的程序

委托收款结算程序，如图 6-17 所示。

五、信用证结算方式的核算

（一）信用证结算方式的概念

信用证结算方式是国际结算主要采用的方式。信用证，是开证银行依据申请人的申请开出的、符合信用证条款的单据支付的付款承诺。经中国人民银行批准经营结算业务的商业银

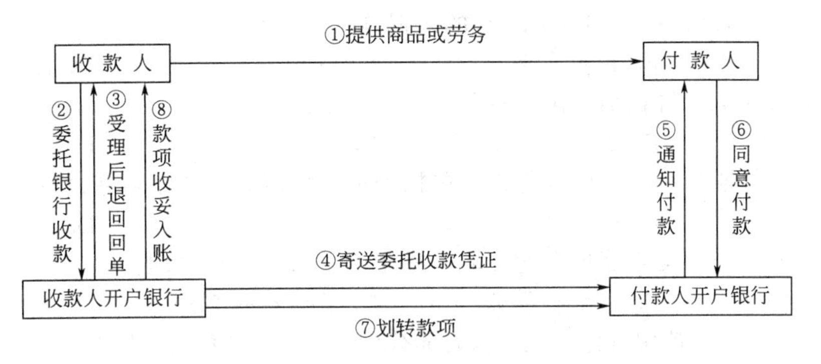

图 6-17　委托收款结算程序

行总行以及商业银行总行批准开办信用证结算业务的分支机构，也可以办理国内企业之间商品交易的信用证结算业务。

（二）信用证结算方式的基本规定

① 信用证为不可撤销、不可转让的跟单信用证；信用证只限于转账结算，不得支取现金。

② 信用证与作为其依据的购销合同相互独立，银行在处理信用证业务时，不受购销合同的约束。在信用证结算中，各有关当事人处理的只是单据，而不是与单据有关的货物及劳务。

③ 采用信用证结算方式时，收款单位收到信用证后，即备货装运，签发有关发票账单，连同运输单据和信用证，送交银行，并根据银行退还的信用证等有关凭证编制收款凭证；付款单位在接到开证行的通知后，根据付款的有关单据编制付款凭证。

（三）信用证结算方式的账务处理

信用证保证金存款是指采用信用证结算方式的企业为开具信用证而存入银行信用证保证金专户的款项。企业向银行申请开立信用证，应按规定向银行提交开证申请书、信用证申请人承诺书和购销合同。

1. 企业向银行申请开立信用证存入保证金存款时的账务处理

借：其他货币资金——信用证保证金

　　贷：银行存款

2. 将未用完的信用证保证金存款余额转回开户银行时的账务处理

借：银行存款

　　贷：其他货币资金——信用证保证金

【学习检测】

一、问答题

1. 简述货币资金管理制度的目的。

2. 简述其他货币资金的内容。

二、选择题

（一）单项选择题

1. 单位和个人在异地、同城或统一票据交换区域的各种款项结算的票据或结算方式是（　　）。

A. 银行汇票　　B. 支票　　C. 托收承付　　D. 委托收款

2. 提示付款期限为自出票日起10日的票据是（　　）。

A. 银行汇票　　B. 银行本票　　C. 支票　　D. 商业汇票

3. 银行汇票的提示付款期自出票日起（　　）个月。

A. 6　　B. 3　　C. 2　　D. 1

4. 信用证有效期为受益人向银行提交单据的最迟期限，最长不得超过（　　）个月。

A. 3　　B. 6　　C. 9　　D. 1

5. 存款人的工资、奖金等现金的支取，只能通过（　　）办理。

A. 基本存款账户　　B. 一般存款账户　　C. 临时存款账户　　D. 专用存款账户

6. 具有清算及时，使用方便，收付双方都有法律保障和结算灵活特点的票据是（　　）。

A. 转账支票　　B. 银行本票　　C. 银行汇票　　D. 商业汇票

7. 仅适用于企业之间签订购销合同的商品交易，以及由于商品交易而发生的劳务供应的转账结算方式是（　　）。

A. 银行汇票　　B. 商业汇票　　C. 委托收款　　D. 托收承付

8. 金额和收款人名称可以授权他人补记的票据是（　　）。

A. 支票　　B. 银行本票　　C. 银行汇票　　D. 商业汇票

9. 按照现行会计制度的规定，下列票据中应作为应收票据核算的是（　　）。

A. 支票　　B. 银行本票　　C. 银行汇票　　D. 商业汇票

（二）多项选择题

1. 票据基本当事人有（　　）。

A. 出票人　　B. 付款人　　C. 收款人

D. 背书人　　E. 企业负责人

2. 支付结算的原则有（　　）。

A. 恪守信用，履约付款　　B. 银行不垫款

C. 自愿选择开户银行　　D. 谁的款进谁的账，由谁支配

E. 企业每笔结算业务都需通过银行结算

3. 银行账户分为（　　）。

A. 基本存款账户　　B. 一般存款账户　　C. 临时存款账户

D. 专用存款账户　　E. 外埠银行账户

4. 签发银行汇票必须记载以下事项（　　）。

A. 出票金额　　B. 付款人名称　　C. 出票日期

D. 收款人名称　　E. 用途

5. 我国的票据是指（　　）。

A. 商业汇票　　B. 银行汇票　　C. 支票

D. 银行本票　　E. 发票

6. 票据的功能有（　　）。

A. 支付功能　　B. 汇兑功能　　C. 信用功能

D. 融资功能　　E. 背书功能

7. 下列款项可以转入个人结算账户的有（　　）。

A. 工资、奖金收入　　B. 稿费、演出收入

C. 证券交易结算资金　　D. 保险理赔

E. 销货款

8. 下列属于应收票据核算范围的有（　　）。

A. 商业承兑汇票　B. 银行汇票　C. 银行承兑汇票

D. 银行本票　E. 支票

9. 其他货币资金包括（　）。

A. 支票存款　B. 银行汇票存款　C. 银行本票存款

D. 信用证存款　E. 现金

三、计算题

A公司2009年5月1日销售一批产品给甲公司，货已发出，发票上注明的销售收入为100000元，增值税额为17000元。收到甲公司交来的商业承兑汇票一张，到期日2009年8月31日，票面利率为10%。计算票据利息。

四、业务实训题（要求根据业务做出会计分录）

1. A公司5月3日为取得银行汇票将60000元存入银行，申请开户银行签发一张银行汇票。6日使用银行汇票购买原材料，取得增值税专用发票，货款50000元，增值税8500元，其后将余额退还开户银行。

2. 根据下列给出的资料，填写银行转账业务结算票据，并写出有关会计分录。

红星公司是一家服装制造公司，现急需一批原材料加工成衣，不在本城的大华纺织厂是专门生产销售各种纺织材料的厂家，红星公司与大华纺织厂多年来一直保持业务往来，红星公司供应部门准备从该厂购进40万元的原材料，且办理了40万元的银行汇票，实际结算后该笔材料的购置款为38.7万元。要求：

（1）根据本章给出的票据样式，填写银行汇票申请书。

（2）写出用银行汇票购买原材料、银行汇票余款退回业务的会计分录。

第七章
会计账簿

学习目标

学习完本章后要求掌握：账簿的概念及种类，账簿的格式及登记方法，账簿期末的对账、结账和试算平衡的方法，账簿记录中错账的更正方法，根据实务资料能设账簿、登账、结账及试算平衡。

重点难点

本章学习的重点、难点是掌握各种账簿的种类和格式、登账的方法、错账的更正。

第一节 会计账簿的意义和种类

一、会计账簿的意义

（一）会计账簿的概念

会计账簿，简称账簿，是以会计凭证为依据，由具有专门格式而又相互联系的账页组成，连续、系统、全面地记录和反映各项经济业务的簿籍。设计和登记账簿是会计核算方法之一。

企业和行政事业等单位在生产、经营、管理过程中，发生各种经济业务，都必须取得和填制会计凭证加以记录和反映。会计凭证虽能详细核算和监督经济业务的发生和完成情况，有明确经济责任的作用，并具有一定的法律效力。但会计凭证数量多，又较零星分散，且每张凭证只能反映个别经济业务的内容，不能连续、系统、全面、集中地反映单位在一定时期内的全部经济业务活动，不能满足单位经营管理的需要。因而有必要对会计凭证进行进一步的归类整理，登记到相关账簿上去，以便集中、完整地为经营管理提供系统的信息。

（二）会计账簿和账户的联系和区别

账簿和账户既是相互联系又是相互区别的。它们的联系是：账户记录是账簿的内容，账簿是账户的载体；账户是账页的户头，账户集合而成账簿。它们的区别是：在经济内容上，每个账户只分散反映各会计要素分类项目的增减变化情况，而账簿则集中地反映某类或所有账户的增减变化状况；在设置依据上，账户是以会计科目为依据开设的，账簿则按某类账户或所有账户来设置的。

（三）设置和登记会计账簿的意义

设置和登记账簿是会计核算工作的重要环节，是使会计核算资料系统化而广泛采用的一种专门方法，对加强经济核算，提高管理水平，都具有重要意义。

（1）有利于为经济管理及时提供系统、完整的会计信息资料　账簿是系统地登记和积累会计资料的工具。通过设置和登记账簿，可以把全部经济业务的分散资料进行归类、汇总并系统化。从而全面、及时地提供经济业务活动的总括和详细资料，满足经营管理的信息需要。

（2）有利于保证财产物资和资金的安全完整　通过账簿资料，可具体反映各项财产物资和资金的增减变化情况，并可进行账实核对，加强对财产物资的管理，保证其安全和合理使用。

（3）有利于对经营成果的考核，开展会计分析、检查和监督工作　账簿记录可以为考核提供经营收支和利润收益的指标，用以考核评价财务计划的执行情况和经营成果的获取，分析财务活动情况，总结经验，挖掘潜力，改善经营管理和提高经济效益。

（4）有利于正确及时地编制会计报表　账簿记录是编制会计报表的主要依据，直接影响会计报表的质量，密切关系到报表使用者的决策正确与否。

（5）有利于会计经济档案的保管　账簿是集中的、系统的、全面的会计资料的信息库，对于分析经济活动的规律性、发展趋势有重要作用，设置账簿，既便于保存会计核算资料和日后查阅使用，也有利于会计核算工作的分工与协作。因此，各个单位都应按规定和需要设置和登记账簿。

二、会计账簿的设置原则

账簿的设置，包括确定账簿的种类、数量、内容、格式和登记方法。各单位必须按照会计法和会计制度的要求，结合本单位的实际需要如经济业务特点和经营管理的需要，有利于发挥账簿的作用来设置账簿。一般来说，会计账簿的设置应遵循以下原则。

（1）设置账簿应具有统一性和灵活性　账簿的设置须能全面、系统地反映会计主体的经济活动的情况，为经济管理提供完整的会计资料，同时要结合本单位的特点，满足需要。

（2）账簿的设置要科学严密　账簿组织应当严密、层次分明，有关账簿之间要有统驭或平行制约的关系，避免重复或遗漏。

（3）账簿的设置要简明适用　账簿结构的设置要力求简便，从实际出发，既要保证会计记录的系统和完整，又免过于繁琐，方便日常的使用和保管。

三、会计账簿的种类

各单位所使用的账簿是多种多样的。为了正确设置和使用账簿，必须对会计账簿进行分类。一般可按账簿的用途和外表形式的不同来分类。

（一）账簿按其用途分类

账簿按其用途的不同，可分为序时账簿、分类账簿和备查账簿。

1. 序时账簿

序时账簿，又称日记账，是按照经济业务发生的时间先后顺序，依据会计凭证逐日逐笔进行登记的账簿。日记账可用来记录全部经济业务的完成情况，亦可以用来记录某一类经济业务的完成情况，确保会计记录的完整和正确。为了加强对货币资金的管理，目前，各单位设置和使用的日记账主要有现金日记账和银行存款日记账。

2. 分类账簿

分类账簿，简称分类账，是对全部经济业务按照账户类别进行分类登记的账簿。其按记录经济业务的详细程度，可分为总分类账簿和明细分类账簿。分类账簿可以反映和监督各会计要素的增减变化情况，是账簿体系的主体，是编制会计报表的主要依据。

3. 备查账簿

备查账簿也称辅助账簿，是对某些在序时账和分类账中未能记载或记载不全的事项进行补充登记的账簿。备查账簿可以为某些经济业务的内容提供必要的补充参考资料，便于对特定对象的管理。如“租入固定资产登记簿”和“委托加工材料登记簿”等。

（二）账簿按其外表形式分类

账簿按其外表形式可分为订本式账簿、活页式账簿和卡片式账簿。

1. 订本式账簿

订本式账簿是在未启用前把一定数量的印有专门格式的账页按顺序固定装订成册的账簿。该账簿的优点是能够避免账页的散失，防止任意抽换账页。但账页的固定，多则浪费，少则不够，影响账户的连续记录；此外，订本式账簿在同一时间只能由一人登记，不便于会计人员的分工协作。订本式账簿一般适用于日记账（现金日记账、银行存款日记账）和总分类账。

2. 活页式账簿

活页式账簿是将若干零散的具有专门格式的账页放在活动账夹中，账页可以随时增减的账簿。其优点是可根据实际业务量的需要随时增添或抽减账页，较灵活，便于会计人员的分工记账，提高工作效率。缺点是容易造成账页的散失和被抽换。为防止该弊端，账夹内的空白账页在使用时必须编号，并由有关人员在账页上签章，待活页账用毕或会计年度终了装订成册，妥善保管。活页式账簿一般用于明细分类账。

3. 卡片式账簿

卡片式账簿是根据核算和管理的某些特殊的需要，由若干零散的、印有专门格式的硬纸卡片所组成的账簿。使用时，应在卡片上编号并加盖有关人员签章且置于卡片簿或箱内，以确保安全。其优缺点基本与活页式账簿相同。但卡片式账簿可以跨年度使用，无需更换账页。卡片式账簿一般适用于固定资产明细账和低值易耗品明细账。

第二节 会计账簿的格式和登记方法

一、账簿的启用和登记规则

记账是会计的基础工作，也是会计核算的重要内容，为了确保记账的工作质量和会计信息的真实可靠，提高会计工作效率，必须规范和严格遵守记账规则。

（一）会计账簿的启用规则

为了保证账簿记录的合法性、完整性和严肃性，明确记账责任，在账簿启用时，应在账簿的封面上写明单位名称、账簿名称和使用年度；在账簿扉页上逐项填写“账簿启用登记表”（活页式、卡片式账簿应在装订时填写），包括：单位名称、账簿名称、账簿编号、账簿册数、账簿页数、启用日期、会计机构负责人和会计主管人员、记账人员签名盖章，并加盖单位公章。当记账人员或有关人员变更时，应办理交接手续，并由交接双方、监交人签名盖章。账簿启用登记表格式（扉页），如表 7-1 所示。

（二）会计账簿的登记规则

为了保证账簿记录的质量，便于使用和日后查考，会计人员应依据审核无误的会计凭证登账。在登账时，应遵循下列的规则和要求。

① 登记账簿时，应将每笔业务的记账凭证的日期、编号、业务内容摘要、金额及其他有关资料逐项记入。做到数字准确、摘要清楚。

② 为了防止漏记或重记，每笔登记完毕后，要在记账凭证上签名盖章，并注明已登账的符号或在账簿上的页数，表示已过账。

③ 为了保持账簿记录的清晰、耐久，便于长期查考使用，防止涂改，记账时要用蓝黑墨水的钢笔书写，不得使用圆珠笔或铅笔书写。红色墨水只能在结账、划线、改错和冲账时使用。

表 7-1 账簿登记表

<table>
<tr><td>使用单位</td><td colspan="9"></td><td colspan="3">单位盖章</td></tr>
<tr><td>账簿名称</td><td colspan="9"></td><td colspan="3" rowspan="6"></td></tr>
<tr><td>账簿编号</td><td colspan="9">总 册第 册</td></tr>
<tr><td>启用日期</td><td colspan="9">年 月 日至 年 月 日</td></tr>
<tr><td rowspan="6">交接记录</td><td colspan="5">主管</td><td colspan="4">记账</td></tr>
<tr><td colspan="3">姓名</td><td colspan="2">盖章</td><td colspan="2">姓名</td><td colspan="2">盖章</td></tr>
<tr><td colspan="3">日期</td><td colspan="2">监交</td><td colspan="2">移交</td><td colspan="2">接管</td></tr>
<tr><td>年</td><td>月</td><td>日</td><td>职务</td><td>姓名</td><td>盖章</td><td>职务</td><td>姓名</td><td>盖章</td><td>职务</td><td>姓名</td><td>盖章</td></tr>
<tr><td></td><td></td><td></td><td></td><td></td><td></td><td></td><td></td><td></td><td></td><td></td><td></td></tr>
<tr><td></td><td></td><td></td><td></td><td></td><td></td><td></td><td></td><td></td><td></td><td></td><td></td></tr>
<tr><td>备注</td><td colspan="9"></td><td colspan="3"></td></tr>
</table>

④ 必须按页顺序连续登记，不得跳行、隔页。如发生跳行、隔页，应将空行、空页画对角红线注销，或注明“此行空白”或“此页空白”字样，并由记账人员签名或盖章。

⑤ 账簿中书写要规范。书写的文字和数字上面要留有适当的空格，不要写满格，一般应占格距的二分之一，最多不应超过三分之二，文字和数字要紧靠底线书写，且数字一般向右倾斜 30 度。

⑥ 凡需结出余额的账户，结出余额后，应在“借或贷”栏内写明“借”或“贷”字样，如该账户余额为零，应在“借或贷”栏内写“平”字，并在余额栏“元”位上写“0”。

⑦ 每一账页登记完毕结转下页时，应结出本月合计数及余额，写在本页最后一行和下页第一行有关栏内，在本页摘要栏内注明“转次页”和在次页注明“承前页”字样。

⑧ 按现行法规和制度的规定，实行会计电算化的单位，应当定期打印总账和明细账。发生收款和付款业务的，在输入收款凭证和付款凭证的当天必须打印出现金日记账和银行存款日记账，并与库存现金核对无误。

二、序时账簿的格式和登记方法

序时账簿是按经济业务发生的时间先后顺序逐日逐笔登记的账簿。当前各会计主体普遍使用的是现金日记账和银行存款日记账。其格式一般采用三栏式，也可采用多栏式。三栏式除设置“借方”、“贷方”和“余额”三栏外，通常还应设置“摘要”和“对方科目”等。

（一）现金日记账的格式和登记方法

三栏式现金日记账，通常由出纳人员根据审核后的现金收款凭证和付款凭证逐日逐笔按顺序登记。登记时，应填明业务日期、凭证字号、摘要、对方科目、收入和支出金额。每日登记完毕，应分别计算出现金收入和支出的合计数及账面余额，并与库存现金相核对，以保证账实相符。由于现金和银行存款相互划转的业务只填制付款凭证，所以对于从银行提取现金的业务，一般只填制银行存款的付款凭证，不填制现金的收款凭证，因而此种情况现金的收入应根据银行存款的付款凭证登记。

下面举例说明三栏式日记账的登记方法。

【例 7-1】 假设某医药公司 2009 年 8 月 1 日至 8 月 5 日发生的现金的收付业务如下：

① 1 日，从银行提取现金 3000 元备用；

② 1 日，购买办公用品支付现金 500 元；

③ 2 日，李思借支差旅费 900 元现金；

④ 2 日，以现金支付公司管理人员交通费 100 元；

⑤ 3 日，以现金支付商品运输费 600 元；

⑥ 4 日，购买会计工作用品支付现金 200 元；

⑦ 4 日，采购员王影报销差旅费 700 元，退回现金 200 元；

⑧ 5 日，从银行提取现金 50000 元，备发工资；

⑨ 5 日，发放本月工资 50000 元。

根据上述经济业务①～③编制记账凭证如表 7-2 所示。

表 7-2　经济业务①～③的记账凭证

付款凭证

贷方科目：银行存款　　2009 年 8 月 1 日　　付字第 1 号

摘　　要	借方科目		金　　额	记账
	总账科目	明细科目		
提现备用	库存现金		3000	
合计			￥3000	

附件　张

会计主管　　记账　　出纳　　审核　　制单（签章）

付款凭证

贷方科目：库存现金　　2009 年 8 月 1 日　　付字第 2 号

摘　　要	借方科目		金　　额	记账
	总账科目	明细科目		
购买办公用品	管理费用	办公费	500	
合计			￥500	

附件　张

会计主管　　记账　　出纳　　审核　　制单（签章）

付款凭证

贷方科目：库存现金　　2009 年 8 月 2 日　　付字第 3 号

摘　　要	借方科目		金　　额	记账
	总账科目	明细科目		
出差借款	其他应收款	李思	900	
合计			￥900	

附件　张

会计主管　　记账　　审核　　制单（签章）

上述经济业务④～⑨的记账凭证以会计分录代替如下。

④ 借：管理费用　　100

　　贷：库存现金　　100

⑤ 借：销售费用　　　　600
　贷：库存现金　　　　600
⑥ 借：管理费用　　　　200
　贷：库存现金　　　　200
⑦ 借：管理费用　　　　700
　　库存现金　　　　200
　贷：其他应收款　　　　900
⑧ 借：库存现金　　　　50000
　贷：银行存款　　　　50000
⑨ 借：应付职工薪酬　　　　50000
　贷：库存现金　　　　50000

现金日记账见表 7-3。

表 7-3　现金日记账

现金日记账

09 年		凭证字号	摘　要	对方科目	借　方	贷　方	余　额
8	1	承前页					2000
	1	银付 1	提现备用	银行存款	3000		5000
	1	现付 1	购办公用品	管理费用		500	4500
	2	现付 2	借支差旅费	其他应收款		900	3600
	2	现付 3	支付交通费	管理费用		100	3500
	3	现付 4	支付运输费	销售费用		600	2900
	3	现付 5	买会计用品	管理费用		200	2700
	4	现收 1	收回余额	其他应收款	200		2900
	5	银付 2	提现备发工资	银行存款	50000		52900
	5	现付 6	发放工资	应付职工薪酬		50000	2900

（二）银行存款日记账的格式和登记方法

银行存款日记账是用来反映每日银行存款的增减变化和结余的账簿。银行存款日记账的格式也有“三栏式”和“多栏式”两种，一般采用“三栏式”。格式如表 7-4 所示。

表 7-4　银行存款日记账

银行存款日记账

09 年		凭证		摘　要	结算凭证	对应科目	借　方	贷　方	借或贷	余　额
月	日	字	号							
12	1			期初余额					借	400000
	1	银付	1	提取现金	现支	库存现金		3000	借	397000
	2	银付	2	还购料款	转支	应付账款		80000	借	317000
	2	银收	1	收到货款	转支	应收账款	90000		借	407000
	3	银付	3	归还借款	转支	长期借款		200000	借	207000

银行存款日记账比较现金日记账而言，多设“结算凭证”一栏，其余格式相同。银行存

款日记账是根据审核后的银行存款收款凭证和付款凭证逐日逐笔登记入账的，其登记方法与现金日记账的登记方法基本相同。对于现金存入银行的业务，一般只编制现金付款凭证，因此银行存款的收入应依据现金付款凭证登记。

现举例说明“三栏式”银行存款日记账的登记方法。

① 12月1日从银行提取现金3000元备用。（现金支票）

② 12月2日企业以银行存款偿还前欠A公司货款80000元。（转账支票）

③ 12月2日企业收到B公司所欠货款90000元。（转账支票）

④ 12月3日企业向银行归还长期借款200000元。（转账支票）

根据以上经济业务编制通用式记账任证如下。

（1）借：库存现金　　3000

　　贷：银行存款　　3000

（2）借：应付账款——A公司　　80000

　　贷：银行存款　　80000

（3）借：银行存款　　90000

　　贷：应收账款——B公司　　90000

（4）借：长期借款　　200000

　　贷：银行存款　　200000

三、分类账簿的格式和登记方法

（一）总分类账的格式和登记方法

总分类账簿是按照总分类科目（一级科目）设置的，用来全面、总括地反映单位全部经济业务的账簿。其保证了会计资料的完整性，是编制会计报表的基础。因而，各单位都必须设置总分类账簿。

总分类账簿的格式一般采用“三栏式”的订本账，即“借、贷、余”三栏，只进行金额核算。总分类账簿的格式如表7-5所示。

表7-5　总分类账簿的格式

总分类账户

账户名称：应付账款

2009年		凭证号数	摘　要	借　方	贷　方	借或贷	余　额
月	日						
12	1		月初余额			贷	55900
	略	（1）	偿还欠款	10000		贷	45900
		（2）	购料欠款		7100	贷	53000
		（3）	购料欠款		9000	贷	62000
		（4）	偿还欠款	27000		贷	35000
			本期发生额及余额	37000	16100	贷	35000

在总分类账中，按照会计制度规定的会计科目按顺序开设账户，每一账户预留若干空白账页，以备登记一定时期内该账户的所有经济业务。

登记总分类账的方法，取决于所采用的会计核算形式和单位的经济业务量的实际情况。单位业务少的，可采用记账凭证会计核算形式，直接根据记账凭证逐笔登记总账。业务量多的，可采用汇总形式的凭证登记总账，有汇总记账凭证会计核算形式和科目汇总表会计核算形式两种。这部分的具体内容将在第九章账务处理程序中详细说明。无论采用哪种方法，每月应将已发生的经济业务全部登记入账，并于月末结出各总账账户的本期发生额和期末余额，作为编制会计报表的主要依据。

（二）明细分类账簿的格式和登记方法

明细分类账簿是根据二级科目或明细科目设置的，用来分类登记某一类经济业务详细情况的账簿。它能详细反映单位会计要素的增减变化，提供具体的核算信息，满足单位经营管理的要求，并为编制会计报表提供明细资料。因此，各企、事业单位在设置总账的基础上，依据本单位的实际需要和有关规定，来决定本单位应设置和使用的明细分类账。

明细账的格式多种多样，各单位可根据其反映的经济业务内容和管理要求选用。常用的格式有“三栏式”、“数量金额式”、“多栏式”、“平行式”等。明细账一般采用活页式或卡片式账簿。

1. 三栏式明细分类账

三栏式明细分类账的格式与三栏式总账基本相同，设有“借方”、“贷方”、“余额”三栏。这种格式主要适用于那些只需要进行金额核算而不需要进行数量核算的债权、债务结算类科目的明细分类核算。如“应收账款”、“应收票据”、“应付账款”“应付票据”等。其格式如表 7-6 所示。

表 7-6　三栏式明细分类账格式

应付账款明细分类账户

明细科目：红星工厂

2009 年		凭证号数	摘　　要	借　　方	贷　　方	借或贷	余　　额
月	日						
12	1		月初余额			贷	25000
	略	（2）	购料欠款		7100	贷	32100
		（4）	偿还欠款	15000		贷	17100
	31		本期发生额及余额	15000	7100	贷	17100

2. 数量金额式明细分类账

数量金额式明细分类账是在“三栏式”的基础上分设专栏如“数量”、“单价”“金额”而形成，对经济业务既有实物单位的计量，又有货币单位的计量反映。该格式主要适用于既要进行金额，又要进行实物核算的各种财产物资类科目的明细分类核算，如“原材料”、“库存商品”等。其格式如表 7-7 所示。

3. 多栏式明细分类账

多栏式明细分类账与前述两种明细分类账不同，它不是按照有关的明细科目分设账页的，而是依据经济业务的特点和经营管理的需要，在一张账页内对账户的借方或贷方按有关明细科目分设专栏，用以集中反映某一总分类账户所属有关明细项目的详细资料的账簿。这种格式主要适用于费用成本类科目的明细分类核算，如“生产成本”、“制造费用”、“管理费用”等。其格式如表 7-8 所示。

4. 平行式明细分类账

平行式明细分类账，是一种账页分为借方和贷方两大栏，而借方和贷方的金额记录，是在同一行次进行的，从而确定每笔经济业务的增减变动情况的账簿。这种格式主要适用于“材料采购”账户。其格式如表 7-9 所示。

表 7-7　数量金额式明细分类账格式

原材料明细分类账

材料类别：中草药

材料名称：甘草

2009年		凭证号数	摘　要	借　方			贷　方			余　额		
月	日			数量	单价	金额	数量	单价	金额	数量	单价	金额
12	1		承前页							4000	10	40000
	2	(1)	购入	1000	10	10000				5000	10	50000
	6	(2)	生产领用				2000	10	20000	3000	10	30000

表 7-8　多栏式明细分类账格式

生产成本明细表

明细科目名称：板蓝根冲剂

××年		凭证		摘　要	直接材料	直接人工费	制造费用	合　计
月	日	字	号					
12	26			承前页	60000	3000	7000	70000
	30	转	3	领用材料	190000			190000
	30	转	8	生产工人工资		48000		48000
	30	转		分配制造费用			33000	33000
	30	转		结完产品成本	220000	47000	34000	301000
	30			月末余额	30000	4000	6000	40000

表 7-9　平行式明细分类账格式

平行式明细分类账

户名：________

批次	借　方						贷　方						转销号
	年		凭证		摘要	金额	年		凭证		摘要	金额	
	月	日	字	号			月	日	字	号			

各明细分类账的登记方法，应根据各单位业务量的大小和经济业务的内容及经营管理的需要而定。可以根据原始凭证、汇总原始凭证或记账凭证逐笔登记，也可逐日或定期汇总登记。一般而言，固定资产、债权债务等明细账应逐笔登记，原材料、库存商品等存货类明细账可逐笔登记，也可逐日汇总登记。成本费用类明细账可逐笔登记，也可逐日或定期汇总登记。

(三) 总分类账和明细分类账的平行登记

如上所述，总分类账和明细分类账都属分类账簿。二者所反映的经济业务内容是相同的，总账是根据总分类科目设立的，用以分类登记全部经济业务，提供有关经济活动总括资料的账簿。而明细分类账则是按总分类科目所属二级或明细科目开设的，用来分类登记某一类经济业务，提供详细核算资料的账簿。二者的关系是：总分类账处于统驭地位，对所属明细账起综合和控制作用；明细账处于从属地位，对总账起着补充说明的作用。二者还存在着数量平衡关系。因此，为使总账和明细账能够核对，保证会计记录的完整性，有必要对总账和所属明细账进行平行登记。所谓平行登记，就是当一笔涉及明细账的经济业务发生时，在相关的总分类账户上进行汇总登记的同时，又要在该账户所属明细账户上进行明细登记。平行登记的要点有：①同时登记且登记的原始依据相同。对每一笔经济业务，在记入总账的同时，须记入所属明细账户。②方向一致。对一笔经济业务，记入总分类账户和所属明细分类账户时，其记账方向是相同的。③金额相等。对一笔经济业务，记入总分类账户的金额必须与录入所属明细分类账户金额之和相等。

现举例说明总分类账和明细分类账的平行登记方法。

【例 7-2】 某企业 2009 年 12 月 1 日“应收账款”账户及其所属明细分类账户的月初余额如下：

新华药业　　　20000 元
宏达药业　　　15000 元
中原药业　　　35000 元
　合计　　　　70000 元

该企业 12 月份发生与销货单位结算业务如下。

(1) 12 月 5 日，向新华药业销售药品一批，价值 10000 元，增值税额为 1700 元，款未收。

分录如下。

借：应收账款——新华药业　　11700
　贷：应交税费——应交增值税（销项税额）　　1700
　贷：主营业务收入　　10000

(2) 12 月 8 日，收到宏达药业前欠货款 15000 元，款存银行。

分录如下。

借：银行存款　　15000
　贷：应收账款——宏达药业　　15000

(3) 12 月 15 日，收到中原药业汇来货款 35000 元，存入银行。

分录如下。

借：银行存款　　35000
　贷：应收账款——中原药业　　35000

(4) 12 月 21 日，收到新华药业汇来前欠货款 20000 元，存入银行。

分录如下。

借：银行存款　　20000
　贷：应收账款——新华药业　　20000

根据上列会计分录平行登记“应收账款”总分类账和所属明细分类账，并结出本期发生额及余额。

登记结果分别如表 7-10～表 7-13 所示。

由以下例子可以看出，平行登记的结果是：总分类账户的期初、本期发生额、期末余额分别是与其所属的明细账户的期初、本期发生额、期末余额之和都是相等的。可见，依据总分类账户和明细分类账户的平行登记关系，会计人员可以对账簿记录进行核对，来确保账簿记录的正确性。

表 7-10　总分类账

账户名称：应收账款　　单位：元　　第　页

2009年		凭证		摘要	借方	贷方	借或贷	余额
月	日	字	号					
12	1	略		月初余额			借	70000
	5	略		销货	11700		借	81700
	8	略		收回欠款		15000	借	66700
	15	略		收回欠款		35000	借	31700
	21	略		收回欠款		20000	借	11700
				发生额及余额	11700	70000	借	11700

表 7-11　明细分类账户新华药业

账户名称：新华药业　　单位：元　　第　页

2009年		凭证		摘要	借方	贷方	借或贷	余额
月	日	字	号					
12	1			月初余额			借	20000
	5	略		销货	11700		借	31700
	21	略		收回欠款		20000	借	11700
	31			发生额及余额	11700	20000	借	11700

表 7-12　明细分类账户宏达药业

账户名称：宏达药业　　单位：元　　第　页

2009年		凭证		摘要	借方	贷方	借或贷	余额
月	日	字	号					
12	1			月初余额			借	15000
	8	略		收回欠款		15000	平	0
				发生额及余额		15000	平	0

表 7-13　明细分类账户中原药业

账户名称：中原药业　　单位：元　　第　页

2009年		凭证		摘要	借方	贷方	借或贷	余额
月	日	字	号					
12	1			月初余额			借	35000
	15	略		收回欠款		35000	平	0
	31			发生额及余额		35000	平	0

(四) 备查账簿的设置

设置备查账簿是企业的日记账和分类账的补充记录，各单位可根据经营管理的需要自行设计，故备查账簿没有一个统一、固定的格式。

第三节　错账的更正

会计的记账过程中，由于种种原因会导致账簿记录错误。为防止非法改账，既不允许任意涂改或刮、擦、挖、补及用褪色药水褪改，也不许撕去重抄。因此，在出现账簿记录错误时，只能根据错误的实际情况按照规定的更正方法给予更正。更正的方法主要有划线更正法、红字更正法和补充登记法三种。

一、划线更正法

在结账前，如发现账簿记录的文字或数字有错，而记账凭证没错，可采用划线更正法。更正时，先在错误的文字或数字上划一红线注销，原有的字迹仍能辨认（如果是数字，必须全部划销），然后在红线的上方用蓝字写上正确的文字或数字，并由记账人员在更正处盖章，以明确责任。

二、红字更正法

此方法适用下列两种情况。

① 记账后，如发现记账凭证的会计科目或借贷方向有错，而导致账簿记录有错，应采用红字更正法。更正时，先用红字（金额为红字）填制一张内容与原错误凭证完全相同的记账凭证，并登记入账，且在摘要栏注明“冲销×月×日×号错误凭证”，然后再用蓝字填制一张正确的凭证，重新登记入账，并在摘要栏写明“补记×月×日×号凭证”。

【例 7-3】 某企业用银行存款支付下年的订报费 600 元。填制凭证时误作分录为如下并已入账。

（1）借：管理费用——报刊费　　　　600

　　　　贷：银行存款　　　　　　　　　600

更正时，先用红字金额填制一张与原错误凭证内容相同的记账凭证，据以登账，冲销原错误记录（□内表示红字）。

（2）借：管理费用——报刊费　　　　[600]

　　　　贷：银行存款　　　　　　　　　[600]

然后用蓝字填制一张正确的记账凭证并登记入账。

（3）借：预付账款——报刊费　　　　600

　　　　贷：银行存款　　　　　　　　　600

如此，账户记录错误得以改正。上述三张记账凭证入账后的有关账户记录如表 7-14 所示。

表 7-14　三张记账凭证入账的有关账户记录

借方　管理费用	贷方
① 600	
② [600]	

借方　预付账款	贷方
③ 600	

借方　预付账款	贷方
	① 600
	② [600]
	③ 600

② 在记账后，如发现记账凭证的会计科目、方向没错，只是所记金额大于应记金额，也可用红字更正法予以更正。更正的方法是填制一张多记金额为红字而账户名称、借贷方向与原记账凭证相同的记账凭证，并据以入账，以示冲销原多记金额，而且摘要栏内写上“冲销×月×日×号记账凭证多记金额”。

【例 7-4】 生产领用原材料 68000 元，填制凭证时误记为 86000 元，并已入账。分录如下。

（1）借：生产成本——地黄丸　　　　86000

　　　　贷：原材料——地黄　　　　　　86000

更正时，填制一张多记金额 18000（86000－68000）为红字的记账凭证如下并入账（□内的数字表示红字）。

（2）借：生产成本——地黄丸　　　　　　　　　　[18000]

　　　贷：原材料——地黄　　　　　　　　　　　　[18000]

根据上述两张记账凭证登记账簿如表 7-15 所示。

表 7-15　账簿登记

借方	生产成本	贷方
① 86000		
② [18000]		

借方	原材料	贷方
		① 86000
		② [18000]

三、补充登记法

在记账以后，如果发现记账凭证和账簿记录所记金额小于应记金额，而会计科目和借贷方向正确，可采用补充登记法来更正。更正时，将少记金额以蓝字填制一张与原记账凭证账户和借贷方向相同的记账凭证，以示补充少记金额，并登记入账。

【例 7-5】 企业收到国家投资设备一台，作价 54000 元。填制凭证时将金额误作 45000 元并已入账，分录如下。

（1）借：固定资产——设备　　　　　　　　　45000

　　　贷：实收资本——国家投资　　　　　　　　45000

更正时，少记金额 9000（54000－45000）用蓝字填制记账凭证如下，并登记入账。

（2）借：固定资产——设备　　　　　　　　　9000

　　　贷：实收资本——国家投资　　　　　　　　9000

上列两张记账凭证入账情况如表 7-16 所示。

表 7-16　账户登记

借方	固定资产	贷方
① 45000		
② 9000		

借方	实收资本	贷方
		① 45000
		② 9000

第四节　对账和结账

一、对账

对账，简单而言，就是核对账目，在结账前对账簿记录的真实准确性按一定的方式进行核对。在会计工作中，难免会发生算账、记账的差错及账账、账实不符的情况。为了保证账簿记录的真实性、正确性和完整性，如实反映经济活动的情况，为编制会计报表提供真实可靠的数据资料，在记账之后、结账之前，必须做好对账工作，以保证账证相符、账账相符、账实相符。对账工作每年至少要进行一次。对账的主要内容如下。

1. 账证核对

账证核对是指核查各种账簿记录与有关的原始凭证和记账凭证的时间、凭证字号、内容、金额是否一致，记账方向是否相符。做到账证相符。

2. 账账核对

账账核对是对各种账簿之间的有关记录进行核对，包括如下内容。

① 总账与总账的核对。即总账各账户借方本期发生额、期末余额合计数分别与贷方本期发生额、期末余额合计数是否相符的核对，以查考总账的正确性。

② 总账与日记账的核对。即把总账中现金、银行存款账户的本期发生额、期末余额分别与现金日记账、银行存款日记账的本期发生额、期末余额相核对。

③ 总账与明细账的核对。是把总账各账户的本期发生额和期末余额应与其所属的明细账户的本期发生额合计和期末余额合计相核对，是否相符来考查平行登记的准确性。

④ 会计部门财产物资明细分类账的余额与财产物资保管和使用部门的有关财产物资明细账的期末余额核对相符。

3. 账实核对

账实核对是指各财产物资的账簿记录数与实存数额之间的核对。主要包括：

① 现金日记账的账面余额与库存现金的实有数相核对；

② 银行存款日记账的账面余额与银行对账单余额之间的核对；

③ 各种财产物资明细账的期末余额与实存数之间的核对；

④ 各种债权、债务明细账的余额应定期与有关单位或个人相核对，以达账实相符。

二、结账

会计分期形成一定的会计期间，为了总结某一会计期间（月、季、年度）的经济活动的情况，考核经营效益，为及时编制会计报表提供资料，必须定期进行结账。所谓结账，就是在一定时期结束时，把该时期内所发生的全部经济业务登记入账，并结出各账户的本期发生额和期末余额，据以编制会计报表及将余额结转下期。

为了保证结账工作的顺利进行，在结账前需要做好准备工作。

（一）结账前的准备工作

① 检查本期内所发生的经济业务是否已全部登记入账，如有遗漏或错误，应及时补记或更正。不能为赶编会计报表而提前结账，把本期发生的经济业务延至下期入账，也不能先编会计报表而后结账。

② 本期的所有转账业务，按权责发生制的原则，对有关的账项进行调整，并编制调整分录，登记入账，从而确定本期的收入和费用。

在本期全部经济业务已登记入账的基础上，结算出各总账和明细账的本期发生额和期末余额。

（二）结账工作

各单位通常是按月、季、年进行结账，即月结、季结、年结。

1. 月结

月结是指在月份终了结账，即在本月份最后一笔账目记录下端划一单红线，并在红线下“摘要栏”内注明“本月发生额及余额”或“本月合计”，同时结出本月发生额及余额，然后在下面划一通栏单红线，以示本月的账簿记录已结束。对本月没有发生额的账户，不需办理月结。

2. 季结

季结就是季度结束后结账，即结算出本季度的借、贷方发生额合计数及余额，记入月结数字红线的下一行，并在摘要栏内注明“本季合计”，同时在该行下划一通栏红线，表示季结完毕。

3. 年结

年结就是年终结账，又称年终决算，是结算出本年四个季度的发生额合计数及余额，记入第四季结的下一行，在摘要栏内注明“本年合计”字样，然后将年初借（贷）方余额列入下一行的同方向的借（贷）方栏内，并在摘要栏内注明“年初余额”或“上年结转”字样；然后将本年年末借（贷）方余额按相反方向记入在下一行，且在摘要栏内写上“结转下年”字样，此后在次行加总借、贷方合计数（两者应相等），摘要写明“借贷合计”字样，最后在合计数下划两道通栏红线，表示封账。月结、季结、年结结账方法参见表7-17。

表7-17 总分类账

账户名称：应付账款

20××年		凭证		摘　要	借　方	贷　方	借或贷	余　额
月	日	字	号					
1	1	略		上年结转			贷	60000
				………	………	………	………	………
1	31			本月合计	100000	80000	贷	40000
				………	………	………	………	………
2	28			本月合计	110000	90000	贷	20000
				………	………	………	………	………
				………	………	………	………	………
12	31			本月合计	150000	200000	贷	80000
12	31			本季合计	659000	579000	贷	80000
	31			全年合计	1250000	1270000	贷	80000
				年初余额		60000		
				结转下年	80000			
				借贷合计	1330000	1330000	平	0

注：“---------------”线表示红色结账线。

三、账簿的更换和保管

（一）账簿的更换

为了保持会计账簿资料的连续性、完整性，在会计年度的结束，新的会计年度开始时，按会计制度的有关规定，须进行会计账簿的更换。总分类账、日记账和绝大多数的明细账必须每年更换一次。只有少数的明细账，如固定资产明细账，不必每年更换，可以连续使用。各种备查账簿也可连续使用。

（二）账簿的保管

会计账簿和会计凭证、会计报表一样是反映单位经济业务的重要资料和档案，因此，应按规定加强对账簿的保管。各种账簿的保管年限应按国家有关的规定妥善保管，保管期满后，须按规定的审批手续报经批准后方能销毁。

【学习检测】

一、问答题

1. 什么是会计账簿？设置和登记账簿有何意义？

2. 会计账簿的种类有哪些？

3. 会计账簿的登记规则有哪些？

4. 明细分类账的格式有几种？说明其适用范围。

5. 更正错账的方法有几种？各有哪些适用范围？

6. 什么是对账？其内容包括哪些？

7. 什么是结账？如何结账？

二、选择题

（一）单项选择题

1. 现金日记账和银行存款日记账必须采用（　　）账簿。

A. 活页式　　B. 订本式　　C. 备查　　D. 卡片式

2. 现金日记账（　　）结出发生额和余额，并与结存现金核对。

A. 每月　　B. 每十五天　　C. 每隔三至五天　　D. 每日

3. “原材料”、“库存商品”等存货类明细账，一般采用（　　）账簿。

A. 三栏式　　B. 多栏式　　C. 数量金额式　　D. 横线登记式

4. 用现金支付职工的医药费78元，会计人员编制的记账凭证为：借记应付福利87元，并登入账。更正的方法是（　　）。

A. 重新编制正确凭证　　B. 红字更正法

C. 划线更正法　　D. 补充登记法

5. 某会计人员在填制凭证时，误将50000元写成5000元，科目、方向正确无误，并已入账，月底结账时发现错误，正确的更正方法是（　　）。

A. 划线更正法　　B. 还原更正法　　C. 补充登记法　　D. 冲销法

6. 购进材料20000元，款未付。原记账凭证为借记：原材料20000，贷记：银行存款20000，并已入账，应用（　　）予以更正。

A. 划线更正法　　B. 红字更正法　　C. 补充登记法　　D. 挖补法

7. 在结账之前，如果发现账簿记录有文字或数字错误，而记账凭证无错，可采用的更正方法是（　　）。

A. 划线更正法　　B. 红字更正法　　C. 补充登记法　　D. 平行登记法

8. 记账以后，如发现账簿错误是由于记账凭证中会计科目运用错误引起的，可采用的更正方法是（　　）。

A. 划线更正法　　B. 红字更正法　　C. 补充登记法　　D. 平行登记法

9. 采用补充登记法纠正错误的，应编制（　　）。

A. 红字记账凭证　　B. 蓝字记账凭证

C. 一张红字及一张蓝字记账凭证　　D. 不能确定

（二）多项选择题

1. 账簿按其经济用途不同，分为（　　）。

A. 序时账簿　　B. 分类账簿　　C. 备查账簿　　D. 总分类账簿

2. 账簿按照账页格式不同，可分为（　　）。

A. 单式账簿　　B. 三栏式账簿　　C. 多栏式账簿　　D. 数量金额式账簿

3. 会计账簿是（　　）。

A. 由一定格式账页组成

B. 以会计凭证为依据

C. 全面、系统、连续地记录各项经济业务的簿籍

D. 编制会计报表的基础

4. 在记账过程中，如果发生跳行、隔页，应做如下处理（　　）。

A. 将空行、空页划线注销　　B. 注明“此行空白”、“此页空白”字样

C. 记账人员应签名盖章　　D. 在空行、空页处添加有关记录

5. 下列情况下可以用红色墨水记账的是（　　）。

A. 结账　　B. 划线　　C. 改错　　D. 冲账

6. 发生以下记账错误时，应选择红字更正法的有（　　）。

A. 记账之后，发现记账凭证中的会计科目应用错误

B. 记账之后，发现记账凭证所列金额大于正确金额

C. 记账之后，发现记账凭证所列金额小于正确金额

D. 结账之前，发现账簿记录有文字错误，而记账凭证正确

7. 下列各种工作的错误，应当用红字更正法予以更正的是（　　）。

A. 在登记账簿时将256元误记为265元，记账凭证正确无误

B. 在填制记账凭证时，误将“应收账款”科目填为“应付账款”，并已登记入账

C. 在填制记账凭证时，误将3000元填作300元，尚未入账

D. 记账凭证中的借贷方向用错，并已入账

8. 收回货款2500元存入银行，记账凭证的记录为借：银行存款2580，贷：其他应收款2580，并已登入账。更正时需要做的会计分录包括（　　）。

A. 用蓝字金额借记“银行存款”账户80元，贷记“其他应收款”账户80元

B. 用红字金额借记“银行存款”账户80元，贷记“其他应收款”账户80元

C. 用红字金额借记“银行存款”账户2580元，贷记“其他应收款”账户2580元

D. 用蓝字金额借记“银行存款”账户2500元，贷记“应收账款”账户2500元

三、判断题

1. 在登记账簿时，应在记账凭证上注明所记账簿的页数，或划“√”符号，表示已经入账，避免重记、漏记。（　　）

2. 按照记账规则，一般应采用蓝黑墨水或碳素墨水记账。（　　）

3. 随着科技的发展，记账错误均可采用褪色药水消除字迹，而不必采用麻烦的更正方法。（　　）

4. 对账是指为了保证账簿记录的正确性而进行的有关账项的核对工作。（　　）

5. 结账是在会计期末计算并结转各账户的本期发生额和期末余额的工作。（　　）

6. 总分类账簿一般采用多栏式账页格式。（　　）

7. 采用划线更正法时，最后由审核人员在更正处签名盖章，以明确责任。（　　）

8. 采用补充登记法更正错账时，按正确的金额与错误金额的差额，用蓝字编制一张账户对应关系与原错误凭证相同的记账凭证，并用蓝字登记入账，以补记少记的金额。（　　）

9. 在审查当年的记账凭证时，发现某记账凭证应借应贷的科目正确，但所记的金额大于实际金额，并已入账，可用红字更正法更正。（　　）

四、实务训练题

实务训练一

1. 资料

（1）某医药企业2009年9月1日的“现金”账户余额为2500元，“银行存款”账户余额为300000元。

（2）9月份发生有关现金和银行存款的经济业务如下：

① 2日，开出现金支票从银行提取现金2000元备用。

② 5日，采购员张红出差采购预支差旅费1000元，开出现金支付。

③ 8日，支付给行政管理人员李国庆500元现金，购买办公用品。

④ 13日，收到上月货款50000元的转账支票一张，款存银行。

⑤ 18日，从银行提取现金100000元备发工资。

⑥ 18日，以现金发放工资。

⑦ 25日，以银行存款支付水电费5000元。

⑧ 31日，以银行存款交纳税金6000元。

⑨ 31日，销售商品一批，货款及增值税税金为11700元，款存银行。

2. 要求

① 根据资料（1）开设“现金”、“银行存款”三栏式日记账，并将期初余额记入账。

② 根据资料（2）编制记账凭证，并登记入现金日记账和银行存款日记账，结出本月发生额及余额，办理月结。格式如表7-18、表7-19所示。

表7-18 现金日记账

2009年		凭证		摘要	对方科目	借方	贷方	借或贷	余额
月	日	字	号						

表7-19 银行存款日记账

2009年		凭证		摘要	对方科目	结算凭证	借方	贷方	借或贷	余额
月	日	字	号							

实务训练二

1. 目的　练习总分类账和明细分类账的平行登记。

2. 资料

（1）某医药企业2009年10月1日的“库存商品”、“应收账款”总分类账户和明细分类账户余额如下。

“库存商品”总账账户借方余额为320000元。

其中：

甲商品2000件，每件40元，计80000元；

乙商品5000件，每件30元，计150000元；

丙商品6000件，每件15元，计90000元。

“应收账款”总账账户借方余额为260000元。

其中：

丰达药业借方余额为　　　140000 元；

幸福药业借方余额为　　　100000 元；

安康药业借方余额为　　　20000 元。

（2）10 月份发生下列部分经济业务。

① 10 月 3 日售给丰达药业甲商品 1000 件，售价每件 60 元，增值税为 10200 元，共计 70200 元，款未收。商品已发出。

② 10 月 8 日售给安康药业甲商品 500 件，售价每件 60 元，增值税为 5100 元；乙商品 2000 件，售价每件 50 元，增值税为 17000 元，另以银行存款代垫运费 2000 元，共计 154100 元，款未收。商品已发出。

③ 10 月 10 日收到丰达药业汇来的上月所欠货款 140000 元，款存银行。

④ 10 月 11 日收到安康药业汇来的上月所欠货款 20000 元，款存银行。

⑤ 10 月 16 日售给幸福药业乙商品 2000 件，售价每件 50 元，增值税为 17000 元；丙商品 3000 件，售价每件 40 元，增值税为 20400 元，另以银行存款代垫运费 3000 元，共计 260400 元，款未收。商品已发出。

⑥ 10 月 16 日购进甲商品 2000 件，进价每件 40 元，乙商品 2500 件，进价每件 30 元，丙商品 1000 件，进价每件 15 元，增值税率为 17%，共计 198900 元，款未付，商品全部验收入库。

⑦ 10 月 20 日售给安康药业甲商品 1500 件，售价每件 60 元，增值税为 15300 元；乙商品 1000 件，售价每件 50 元，增值税为 8500 元；丙商品 1000 件，售价每件 40 元，增值税为 6800 元，共计 210600 元，款未收。商品已发出。

⑧ 10 月 25 日收到安康药业汇来的欠款 154100 元，款存银行。

⑨ 10 月 28 日收到幸福药业汇来的欠款 100000 元，款存银行。

⑩ 10 月 30 日购进甲商品 1500 件，进价每件 40 元，增值税为 10200 元，商品验收入库，以银行存款支付货款及税金。

3. 要求

① 根据资料（1）开设“库存商品”、“应收账款”的总分类账户及所属明细分类账户，登记期初余额。

② 根据资料（2）编制记账凭证，逐笔结转商品销售成本，并记入“库存商品”、“应收账款”总分类账户及其明细分类账户。

③ 结出“库存商品”、“应收账款”总分类账户及所属明细分类账户的本期发生额和期末余额，并将总分类账户与其所属明细分类账户记录相核对。

账表用纸格式如表 7-20～表 7-22 所示。

表 7-20　总分类账

账户名称：　　　　　　　　　　　　　　　　　　　　　　金额单位：元

年		凭证		摘　要	借　方	贷　方	借或贷	余　额
月	日	字	号					

表 7-21　明细分类账（一）

账户名称：　　　　　　　　　　　　　　　　　　　　　　　　　　　　　　计量单位：

年		凭证		摘　要	借　方			贷　方			余　额		
月	日	字	号		数量	单价	金额	数量	单价	金额	数量	单价	金额

表 7-22　明细分类账（二）

账户名称：　　　　　　　　　　　　　　　　　　　　　　　　　　　　　　金额单位：元

年		凭证		摘　要	借　方	贷　方	借或贷	余　额
月	日	字	号					

实务训练三

1. 目的　练习错账的更正方法。

2. 要求　根据下列资料所指的错误记录，采用适当的方法予以更正。

3. 资料　某工业企业在6月30日的对账中，发现下列经济业务的账簿记录有错误。

① 6月2日，以银行存款支付购货款8000元，填制记账凭证时误记为“其他应付款”的借方，并已登记入账。原编会计分录如下。

借：其他应付款　　　　　　　　8000
　贷：银行存款　　　　　　　　　8000

② 6月8日销售商品一批，计价款49000元，货款未收，记账凭证错记为4900元，并已登记入账。原会计分录如下。

借：应收账款　　　　　　　　4900
　贷：主营业务收入　　　　　　　4900

③ 6月15日生产领用原材料56000元，记账凭证误记为65000元，并已登记入账。原记账凭证的会计分录如下。

借：生产成本　　　　　　　　65000
　贷：原材料　　　　　　　　　65000

④ 6月20日收到银行存款利息8640元，记账凭证无误，但登记入账簿时把8640元记为8460元。原会计分录如下。

借：银行存款　　　　　　　　8640
　贷：财务费用——利息　　　　　8640

⑤ 6月25日以现金为财务处购买账页计200元，已填制记账凭证并登记入账。原记账凭证的会计分录如下。

借：财务费用　　　　　　　　200
　贷：库存现金　　　　　　　　　200

⑥ 30 日计提车间固定资产折旧费 6000 元，已填制记账凭证并登记入账。原记账凭证的会计分录如下。

借：管理费用　　　　　　　　　　6000

　贷：累计折旧　　　　　　　　　　6000

第八章
财产清查

学习目标

学习完本章后要求掌握：财产清查的概念和种类、财产清查结果的处理。

重点难点

本章的学习重点和难点是财产清查结果的处理。

第一节 财产清查的意义、种类和方法

一、财产清查的意义

（一）财产清查的概念

财产清查，又称“盘存”，是指通过对本单位拥有的财产物资的实地盘点及对应收、应付等往来款项的核对，来查明实有财产物资数，以确定账存数与实存数是否相符的一种专门方法。

会计信息的真实性原则，是会计核算的基本原则之一，也是经济管理对会计核算的客观要求。任何单位的各项财产物资及往来款项的增减变动和结存情况，都必须通过账簿记录准确地反映出来。理论上讲，财产物资的账存数与实存数应该完全相一致的。但在实际会计工作中，由于种种原因的存在，从而导致账实的差异。这些原因主要有主观和客观两个方面的原因。

1. 主观原因

① 保管人员在收发财产物资时，由于计量、检验不准确而发生品种、数量、质量上的差异。

② 财产物资发生变化时，没有及时填制记账凭证或入账时漏记、重记及错记等。

③ 由于管理不善或工作失职而发生财产的损失。

④ 由于不法分子的贪污盗窃、营私舞弊而造成财产物资的损失。

2. 客观原因

① 在财产物资的保管过程中，由于自然条件的变化所造成的自然损耗或升溢。

② 某些化学物质的日久失效或变质等。

③ 由于意外灾难如水灾、地震等而造成的损失。

由于上述原因的存在，财产清查是会计核算中必须采用的一种专门方法。通过财产清查，一方面查明具体原因，分清责任；另一方面对发现的问题及时处理，调整会计记录，以达到账实相符，从而也保证会计信息的真实可靠性。因此，财产清查对严格会计核算，加强经营管理，提高经济效益都有重要意义。

（二）财产清查的意义

财产清查的意义，主要表现在以下几方面。

1. 确保会计核算资料的真实性

通过财产清查，查明各种财产物资的实存数，并与账面数进行核对，揭示差异，按规定程序调整账簿记录，从而消除账实不符的状况，使会计资料能如实反映客观情况。

2. 保护财产物资的安全、完整，明确经济责任

通过财产清查，不仅可查明实有财产，核对账务，确定差异，而且可分析差异的原因，查明财产保管、使用情况，及时发现问题，采取措施，明确相关人员的责任，健全管理制度和核算手续，确保各项财产物资的安全与完整。

3. 挖掘财产物资的潜力，提高经济效益

通过财产清查，掌握财产物资的实存数、保管和使用的实际情况，可挖掘潜力，充分地利用各项财产物资，提高使用的效能，物尽其用，降低成本，提高经济效益。

4. 监督和维护财经纪律，改善财产物资的管理

在财产清查过程中，通过对各项物资、往来款项的查询核对，可查明各单位及个人有无违反财经纪律，发现情况，迅速纠正，从而促使单位不断完善对财产物资的管理，提高经营管理水平。

二、财产清查的种类

财产清查总是依据具体的时间、地点和范围内来进行的，为了正确使用财产清查这种专门方法，有必要对财产清查作进一步的分类分析。财产清查常见的分类标志有按范围、按时间两种。

（一）按清查的范围分类

分为全面清查和局部清查两种。

1. 全面清查

全面清查，是指对所有财产物资和债权、债务等往来款项进行的全面盘点和核对。全面清查的对象一般有下列：

① 固定资产，如房屋、建筑物、机器设备等；

② 存货类，包括材料、燃料、包装物、低值易耗品、在产品、半成品、库存商品等；

③ 现金、银行存款等货币资金；

④ 各种应收、应付的债权、债务款项及各项缴拨结算款等；

⑤ 在途材料物资和货币资金；

⑥ 委托外加工和受托加工材料物资等；

⑦ 租入和租出包装物、固定资产。

全面清查的内容多、范围广、工作量大，通常在以下几种情况下进行：

① 年终决算前，以确保会计信息的真实；

② 开展清产核资，以准确核定资产；

③ 单位的撤销、解散、合并或改变隶属关系时，以明确经济责任；

④ 单位主要负责人调离工作岗位时，要进行一次全面清查。

2. 局部清查

局部清查是指根据需要，对部分的财产物资或往来款项进行的盘点与核对。局部清查一般在以下几种情况下进行：

① 对流动性较大的物资，如材料、在产品、产成品、库存商品等，除年度清查外，每月或季还要轮流盘点或抽查；

② 对于各种贵重物资，每月应清查盘点一次；

③ 库存现金应由出纳人员在每日业务终了时自行清查，以达账实相符；

④ 对于银行存款和银行借款应每月同银行核对一次；

⑤ 对于债权、债务的往来款项，应每季核对一次。

（二）财产清查按清查时间分类

财产清查按清查时间的不同分为定期清查和不定期清查两种。

1. 定期清查

定期清查是指按照预先安排的时间对财产物资、货币资金和往来款项等进行的盘点和核对。这种清查通常是在年末、季末、月末结账前进行。定期清查，可以是全面清查，也可以是局部清查。一般在年终决算时进行全面清查，而在季末、月末进行局部清查。

2. 不定期清查

不定期清查是指事先不规定清查的时间，而是根据临时的需要对财产物资等所进行的盘点与核对。不定期清查一般在以下情况进行：

① 更换财产物资或现金保管人员时，要对其所保管的财产物资或现金进行清查，以明确经济责任；

② 发生意外的灾难或损失时，要对遭受损失的有关财产物资进行清查，以查明损失情况；

③ 上级主管、财政、审计部门对本单位进行会计检查时，应按检查的要求及范围进行清查；

④ 进行临时性的清产核资时，要进行财产清查，以摸清家底。

由此可知，不定期清查的范围，可以是全面清查，也可以是局部清查，应依据实际要求而定。

三、财产清查的方法

（一）财产清查的准备工作

财产清查是一项复杂细致的工作，其涉及面广、工作量大、政策性强。为了保证财产清查工作的顺利进行，按时保质完成清查工作，在清查前应做好以下的准备工作。

① 成立专门的财产清查领导小组，全面、具体负责财产清查工作的组织和实施；制订财产清查的计划，确定清查的对象、范围、时间，配备相关的工作人员并明确任务和责任。

② 会计部门、财产保管部门要对待查的财产物资的会计账目做好准备，如总账、明细账等的登记入账、结出余额并核对，保证会计资料的真实可靠；财产保管部门对所保管的物资要做好明细账、标签、整理工作等。

③ 有关部门，做好财产清查所需的各种计量器具、登记表册的准备工作。

（二）财产清查的方法

由于所清查的财产内容繁多，形态、特点不一，故财产清查时所采用的方法应不同。

1. 货币资金的清查方法

货币资金的清查主要包括库存现金和银行存款的清查。

（1）库存现金的清查　库存现金的清查，是通过实地盘点的方法，确定库存现金的实存数，再与现金日记账的账面余额相核对，以查明账实是否相符。现金的盘点，出纳员须在场。清查时除查明账实是否相符外，还需查考单位的现金管理制度的遵守情况，如库存限额是否超过，有无坐支现金、打“白条”等问题。现金盘点后，应将盘点的结果填入“库存现金盘点报告表”，该表既是盘存的清单，又是账存数与实存数的对比表，是反映现金实有数和调整账簿记录的重要原始凭证。其格式如表 8-1 所示。

表 8-1 现金盘点报告表样式

单位名称：　　　　　　　　　　　　　　　　　　　　　　　　年　　月　　日

实存数	账存数	对比结果		备　注
		盘盈	盘亏	

盘点人：　　　　　　　　　　　　　　　　　　　　　　　　出纳员：

该表现金的盘盈数，是指现金的实存数额大于现金日记账的账面余额，反之为盘亏。

单位拥有的有价证券，如国库券、公司债券、股票等，清查方法与库存现金相同。

（2）银行存款的清查　银行存款的清查，主要采用核对法，即将本单位的银行存款日记账与银行对账单相核对，以查明账实是否相符。核对时，将本单位的银行存款日记账与银行对账单进行逐笔勾对。如果单位的银行存款日记账与银行对账单不相符，除因计算或错账外，主要原因是未达账项的存在。

所谓未达账项，即是由于单位与银行的记账时间的不一致而发生的一方已入账，而另一方尚未入账的款项。企业单位与银行之间的未达账项有以下四种：

① 企业已收而银行未收的款项，企业已收款做增加的入账，银行可能尚未收到有关凭证而未入账；

② 企业已付而银行未付款项，企业已开出支票或其他凭证支付，作为存款的减少入账，而银行尚未办理支付入账；

③ 银行已收而企业未收的款项，企业委托银行代收的或银行支付给企业的利息，银行已收款入账，但企业未收到收款通知而未入账；

④ 银行已付而企业未付的款项，银行代企业支付后，已作存款的减少登记入账，但企业未接到付款通知而未入账。

对于未达账项的消除，企业可编制“银行存款余额调节表”。格式如表 8-2 所示。调节表的编制方法主要是补记法。补记法，就是在企业银行存款日记账和银行对账单的余额的基础上，各自补记对方已入账而本单位尚未入账的账项，从而检查调节后的双方余额是否相符的方法。用公式如下：

$$\text{企业银行存款日记账余额}+\text{银行已收而企业未收的款项}-\text{银行已付而企业未付的款项}=\text{银行对账单余额}+\text{企业已收银行未收款项}-\text{企业已付银行未付款项}$$

现举例说明“银行存款余额调节表”的编制方法。

【例 8-1】 某企业 2009 年 11 月 30 日的银行存款日记账的余额为 26270 元，银行对账单的余额 28010 元。经逐笔核对，发现有以下未达账项：

① 29 日企业存入销货款转账支票 10960 元，银行尚未入账；

② 29 日企业开出支付货款的转账支票 10220 元，银行尚未入账；

③ 29 日银行收到企业的委托收款 12600 元已入账，企业尚未接到通知，尚未入账；

④ 29 日银行代付企业水电费、电话费共计 10120 元已入账，企业尚未入账。

根据以上资料，编制银行存款余额调节表如表 8-2 所示。

通过银行存款余额调节表调节后，双方的余额应相等，如果不等，应进一步查明原因，予以平衡。此外，调节表只起到查明企业在清查日银行存款的实有数额的作用，不能作为企业将未达账项登记入账的依据，只有收到银行的收付款通知后才能入账。

表 8-2　银行存款余额调节表

项　　目	金　　额	项　　目	金　　额
企业银行存款日记账余额	26270	银行对账单的余额	28010
加：银行已收企业未收款项	12600	加：企业已收银行未收款项	10960
减：银行已付企业未付款项	10120	减：企业已付银行未付款项	10220
调节后余额	28750	调节后余额	28750

该调节表上调整后的存款余额，为企业存放在银行的可实际动用的存款数额。

2. 实物资产的清查

实物资产的清查，是指对原材料、库存商品、包装物、固定资产等有形物资的清查，是财产清查的主要内容。

由于形态差异，可采用不同的方法来进行清查。主要有实地盘点法和技术推算法两种。

(1) 实地盘点法　是指在财产物资的堆放现场，逐一清点或用计量器具度量来确定实物的实存数量的方法。企业大多数实物财产的清查，可采用此法。对于不便于此法盘点的实物，可采用技术推算法。

(2) 技术推算法　是指按一定的标准或公式对实物资产的存在数量推算出来的方法。该方法适用于量大、笨重或价值低的不便于逐一清点或过磅的实物资产的清查，如矿石、煤炭等。

盘点时，除了清点实物的实有数外，还要检查财产物资的质量及保管、使用情况。盘点后，盘点的结果应当填写在“盘存表”上，作为盘点结果的书面证明。其格式如表 8-3 所示。

表 8-3　盘存表

单位名称：　　　　　　　　　　　　　　　　存放地点：

财产类别：　　　　　　　　盘点时间：　　　　　　编号：

编　　号	名　　称	规　　格	计量单位	数　　量	单　　价	金　　额	备　　注

盘点人：　　　　　　　　　　　　　　　　实物保管人：

盘存表一般填制一式三份，一份由清点人员留存备查，一份交实物保管员保存，一份交财会部门与账面记录相核对。根据“盘存表”与账簿记录的核对结果，应编制“账存实存对比表”。该表是确定账存数与实存数的差异，调整账簿记录的原始凭证，分析差异原因、明确经济责任的依据。其格式如表 8-4 所示。

表 8-4　账存实存对比表

单位名称：　　　　　　　年　　月　　日　　　　　　编号：

编　　号	名称及规格	计量单位	单　　价	账　　存		实　　存		对比结果				备　　注
				数量	金额	数量	金额	盘盈		盘亏		
								数量	金额	数量	金额	

会计主管：　　　　　　复核：　　　　　　制表：

3. 往来款项的清查

往来款项的清查主要是对各种应收款、暂付款、应付款、暂收款等往来业务的清查，一般也是采用同对方核对账目的方法来清查。首先在检查本企业各往来款项账目的基础上，编制“往来款项对账单”一式两份送交对方单位核对。如相符，则在回单上签章退回本单位；若有不符，注明情况以备作进一步的核对。

第二节 财产清查结果的处理

一、财产清查结果处理的步骤

对于财产清查中所发现的各种财产管理和会计核算方面的问题，首先应查明原因，分清责任；然后按国家有关规定对结果予以妥善处理。处理的步骤如下。

1. 分析判断差异产生的性质，查明原因，明确责任

对于财产清查中发现的财产物资的账实不符如盘盈、盘亏及各种损失，应核准数字，判断差异的性质，深入调查研究，具体分析，查明原因，分清经济和法律责任；并在此基础上依据国家及企业的有关规定提出初步的合理、合法、可行的处理意见，按规定报经有关部门审批处理。

2. 积极处理多余的物资和清理长期不清的债权、债务

在财产清查过程中发现的呆滞积压、多余或不需用的物资，应及时、积极处理，组织调制和改制，物尽其用，避免损失，提高效益。对于长期不清的应收、应付款项，应查明原因，限期了结。

3. 总结经验教训，建立健全财产管理制度

财产清查的目的，不仅是要查明企业财产的实有数额，发现差异及对清查结果进行处理，而且重要的是促进企业财务管理工作的改进和完善。针对发现的问题，总结经验，吸取教训，提出相应的改进措施，不断进步，从而使财产管理制度更加健全完善。

4. 调整账簿记录，确保账实相符

为保证会计信息的真实性，对财产清查的差异的处理是关键，必须查明原因后及时处理，调整账目记录，以达账实相符。

二、财产清查结果的账务处理

（一）财产清查结果的账务处理步骤

对于财产清查结果的账务处理，在核算上应分两个步骤进行。

(1) 审批之前　初步调整账簿记录，做到账实相符。这是针对清查结果的差异进行的账务处理，即根据差异的原始凭证，编制记账凭证并登记入账，使账实相一致。

(2) 审批之后　按报批准结果作最终处理。依据批复的结果，作进一步的账务反映。

（二）财产清查结果的账户设置

对财产清查结果进行账务处理时，应设置“待处理财产损益”账户。它是资产类的账户，用于核算企业在财产清查中查明的需处理的各种财产物资的盘盈、盘亏和毁损。该账户的核算内容及结构如表 8-5 所示。借方表示财产物资的盘亏、毁损及结转经批准转销的待处理财产盘盈数；贷方表示财产物资的盘盈及经批准转销的待处理财产盘亏数。期末借方余额表示尚未处理的各种财产物资的净损失；期末贷方余额表示尚未处理的各种财产物资净益余。该账户一般设置“待处理固定资产损益”和“待处理流动资产损益”两个明细账户。

表 8-5　待处理财产损益账户

借方　　　　　待处理财产损益	贷方
(1)待处理财产盘亏和毁损数 (2)结转经批准转销的待处理财产盘盈数	(1)待处理财产盘盈数 (2)结转经批准转销的待处理数财产盘亏数
期末余额:尚未批准处理的财产净损失	期末余额:尚未批准处理的财产净盈余

(三) 财产清查结果的账务处理

财产清查结果的账务处理，如前所述按步骤进行。未批准处理前记入“待处理财产损益”；批准处理后固定资产的盘盈、盘亏分别转入“营业外收入”和“营业外支出”。经批准处理的流动资产的盘盈、盘亏一般冲减或增加“管理费用”，由他人过失造成的，记入“其他应收款”。

现举例说明财产清查结果的账务处理。

1. 财产物资盘盈的账务处理

【例 8-2】 某药厂在财产清查中盘盈设备一台，重置价为 10000 元，6 成新。

(1) 盈余原因未明，先记入“待处理财产损益”的贷方，同时调整“固定资产”账户。会计分录如下。

借：固定资产——设备　　10000
　贷：累计折旧　　4000
　贷：待处理财产损益——待处理固定资产损益　　6000

(2) 该设备经批准后“营业外收入”处理。

借：待处理财产损益——待处理固定资产损益　　6000
　贷：营业外收入　　6000

【例 8-3】 某药厂在财产清查中盘盈药材 500kg，计价 2000 元。

(1) 益余原因未明，先记入“待处理财产损益”的贷方，同时调整“原材料”账户，会计分录如下。

借：原材料　　2000
　贷：待处理财产损益——待处理流动资产损益　　2000

(2) 经查明盘盈材料系计量不准所致，经批准冲减“管理费用”。

借：待处理财产损益——待处理流动资产损益　　2000
　贷：管理费用　　2000

2. 财产物资盘亏的账务处理

【例 8-4】 某药厂在财产清查中盘亏机床一台，原价 18000 元，已提折旧 12000 元，原因待查。

(1) 原因未明前先记入“待处理财产损益”的借方，同时调整“固定资产”账户，会计分录如下。

借：待处理财产损益——待处理固定资产损益　　6000
借：累计折旧　　12000
　贷：固定资产——机床　　18000

(2) 报经批准后，同意列作“营业外支出”，会计分录如下。

借：营业外支出　　6000
　贷：待处理财产损益——待处理固定资产损益　　6000

【例 8-5】 在财产清查中，盘亏某药材 600kg，计价 3000 元，原因未明。

（1）原因未明前先记入“待处理财产损益”的借方，同时调整“原材料”账户，会计分录如下。

借：待处理财产损益——待处理流动资产损益　　3000
　贷：原材料　　3000

（2）经查明，原材料200kg是自然损耗，200kg为保管员责任事故造成，200kg是意外灾难造成，保险公司同意赔偿70%。报经批准后，自然损耗列作“管理费用”，责任事故有保管员王齐赔偿及意外灾难损失的70%列作“其他应收款”，其余的损失列作“营业外支出”，会计分录如下。

借：管理费用　　1000
借：其他应收款——王齐　　1000
借：其他应收款——保险公司　　700
借：营业外支出　　300
　贷：待处理财产损益——待处理流动资产损益　　3000

（3）根据增值税会计处理的规定，企业购进的材料、商品等发生非正常损失以及因改变用途等原因而发生减少的，其进项税额应相应转入有关科目的借方，贷记“应交税费——应交增值税（进项税额转出）”科目，假设增值税率为17%，会计分录如下。

借：管理费用　　170
借：其他应收款——王齐　　170
借：其他应收款——保险公司　　119
借：营业外支出　　51
　贷：应交税费——应交增值税（进项税额转出）　　510

3. 无法收回或偿付的债权债务的账务处理

（1）无法收回的应收款项的账务处理　无法收回的应收款项称为坏账。关于坏账的确认，按有关的规定，有三个标准：①债务人死亡，遗产处理后，仍然不能收回的款项；②债务人宣布破产，以其破产财产清偿后仍然不能收回的应收款项；③因债务人逾期未履行偿债义务超过三年仍然不能收回的款项。因坏账所造成的损失，称为坏账损失。在财产清查中发现由于上述原因造成的坏账，应上报有关部门批准后核销。转销前，不需做会计反映。批准转销后，可记入“管理费用”，或冲减“坏账准备”（有计提坏账准备金的企业）。

【例8-6】 某企业在财产清查中发现应收W公司的货款4000元，因公司撤销确实无法收回，上报批准后予以核销。本企业是计提坏账准备金的。会计分录如下。

借：坏账准备　　4000
　贷：应收账款——W公司　　4000

若该企业是不计提坏账准备的，则会计分录如下。

借：管理费用　　4000
　贷：应收账款——W公司　　4000

（2）无法偿付的债务处理　对于无法偿付的债务经有关部门批准后直接记入“营业外收入”。

【例8-7】 某企业在财产清查中查明前欠M公司的货款6000元，因M公司破产解散而无法偿付，经上报批准后转作“营业外收入”。会计分录如下。

借：应付账款——M公司　　6000
　贷：营业外收入　　6000

【学习检测】

一、问答题

1. 什么是财产清查？为什么要进行财产清查？

2. 财产清查的种类和适用范围有哪些？

3. 什么是未达账项？如何调整？

4. 实物财产的清查方法有哪些？

5. 简述“待处理财产损益”账户的性质及内容结构。

二、选择题

（一）单项选择题

1. 企业年终决算以前，需要（　　）。

A. 对所有实物财产进行盘点　　B. 对重要财产进行局部清查
C. 对所有财产进行全面清查　　D. 对流动性较大的财产进行重点清查

2. 某企业在遭受洪灾后，对其受损的财产物资进行的清查，属于（　　）。

A. 局部清查和定期清查　　B. 全面清查和不定期清查
C. 局部清查和不定期清查　　D. 全面清查和定期清查

3. 月末企业银行存款日记账余额为 280000 元，银行对账单余额为 270000 元，经过未达账项调节后的余额为 260000 元。则对账日企业可以动用的银行存款实有数额为（　　）元。

A. 280000　　B. 260000　　C. 270000　　D. 不能确定

4. 在永续盘存制下，平时对各项财产物资在账簿中的登记方法是（　　）。

A. 增加数、减少数都不登记　　B. 只登记减少数，不登记增加数
C. 只登记增加数，不登记减少数　　D. 增加数、减少数都要登记

5. 对库存现金的清算方法应采用（　　）。

A. 技术推算法　　B. 实物盘点法　　C. 实地盘存制　　D. 查询核对法

6. 银行存款的清查是将银行存款日记账记录与（　　）核对。

A. 银行存款收款、付款凭证　　B. 银行存款总分类账
C. 银行对账单　　D. 开户银行的会计记录

7. 月末，企业实际可动用的银行存款数额是（　　）。

A. 企业银行存款日记账的余额
B. 银行对账单上企业存款余额
C. 银行存款余额调节表上调节后的存款余额
D. 企业账面余额与银行对账单余额中的最小数额

8. 将银行存款日记账记录与银行对账单记录进行核对，是为了保证（　　）。

A. 账实相符　　B. 账单相符　　C. 账账相符　　D. 账证相符

9. 对于大宗堆码、难以逐一清点的财产物资，一般采用（　　）进行清查。

A. 查询核对法　　B. 实物盘点法　　C. 技术推算法　　D. 全面抽查法

10. 债权、债务的清查方法，一般采用（　　）。

A. 查询核对法　　B. 实物盘点法　　C. 技术推算法　　D. 全面抽查法

11. 在财产清查中发现盘亏一台设备，其账面原值为 80000 元，已提折旧 20000 元，则该企业记入“待处理财产损益”账户的金额为（　　）元。

A. 80000　　B. 20000　　C. 60000　　D. 100000

12. 某医药企业仓库期末盘亏原材料原因已经查明，属于自然损耗，经批准后，会计人员应编制的会计分录为（　　）。

A. 借：待处理财产损益
贷：原材料

B. 借：待处理财产损益
贷：管理费用

C. 借：管理费用
贷：待处理财产损益

D. 借：营业外支出
贷：待处理财产损益

（二）多项选择题

1. 下列需要进行全面清查的情况有（　　）。

A. 年终决算前
B. 中外合资、国内联营
C. 开展清产核资
D. 单位主要负责人调离工作时
E. 单位撤销合并或改变隶属关系时

2. 不定期清查为一般局部清查，主要包括（　　）。

A. 更换财产物资的经管人员
B. 因自然灾害和意外事故导致财产非常损失
C. 会计主体发生变化和隶属关系发生变动
D. 单位主要负责人调离工作时
E. 上级主管部门会计检查

3. 对财产物资数量的清查可采用的方法有（　　）。

A. 抽查盘点法　B. 实地盘点法　C. 技术推算法
D. 查询核对法　E. 实地盘存制

4. 采用实地盘点法的清查对象有（　　）。

A. 固定资产　B. 材料　C. 银行存款
D. 库存现金　E. 应收账款

5. 导致企业银行存款日记账账面余额大于银行对账单余额的情况有（　　）。

A. 企业账簿记录有差错
B. 银行已记存款减少，企业未记
C. 银行账簿记录有差错
D. 企业已记存款增加，银行未记
E. 其他

6. 导致企业银行存款日记账账面余额小于银行对账单余额的情况有（　　）。

A. 企业账簿记录有差错
B. 银行已记存款增加，企业未记
C. 银行账簿记录有差错
D. 企业已记存款减少，银行未记
E. 其他

7. 查询核对法一般适用于（　　）的清查。

A. 应收账款　B. 银行存款　C. 应付账款
D. 库存现金　E. 库存商品

8. “待处理财产损益”账户贷方登记的是（　　）。

A. 等待批准处理的财产盘亏、毁损
B. 经批准转销的财产盘盈
C. 等待批准处理的财产盘盈
D. 经批准转销的财产盘亏、毁损
E. 其他

三、判断题

1. 对盘盈固定资产应当按照其账面原值确定其盈益数额。（　　）

2. 企业的存货盘亏和固定资产盘亏，一般情况下，都应经过规定程序批准后，转入“营业外支出”账户进行核算。（　　）

3. 财产清查是通过对各项财产物资、货币资金和往来款项的盘点和核对，确定其实存数，并查明其实存数与账存数是否相符的一种专门方法，也是一种会计核算方法。（　　）

4. 在进行库存现金的清查时，不仅要查明账实是否相符，而且还应检查有无如白条抵充现金的情况。（　　）

5. 对于各种未达账项，会计人员应根据银行存款余额调节表登记入账。（　　）

6. 更换财产和现金保管人员时，应进行定期全面的财产清查。（　　）

7. 财产清查的范围仅限于所有权属于企业的各种财产物资和债权债务。（　　）

8. 在进行实物清查时，实物保管人员与清查人员必须同时在场。（　　）

9. 对于盘盈或盘亏的财产物资，需在期末结账前处理完毕，如在期末结账前尚未经批准处理的，待批准后进行处理。（　　）

四、实务训练题

实务训练一

1. 目的　练习银行存款的清查及未达账项的调整。

2. 资料　某医药企业 2009 年 12 月“银行存款日记账”内容和“银行对账单”的内容分别如表 8-6 和表 8-7 所示。

表 8-6　银行存款日记账

2009 年		凭证号数	摘　要	结算凭证		借　方	贷　方	余　额
月	日			种类	号数			
12	1		承前页					69600
	4	19	存入货款	交款单	119	100000		169600
	8	22	提现	现支	310		9600	160000
	12	30	支付料款	托收	711		10000	150000
	16	40	存入货款	交款单	120	20000		170000
	19	50	付运费	转支	610		5000	165000
	22	60	付电话费	转支	611		1000	164000
	25	70	支付料款	托收	712		20000	144000
	27	80	存入货款	交款单	121	30000		174000
	29	85	收回欠款	进账单	510	10000		184000
	31	88	付运费	转支	612		2000	182000

表 8-7　银行对账单

户名：某药厂　　　　2009 年 12 月 31 日

2009 年		摘　要	结算凭证		借　方	贷　方	借或贷	余　额
月	日		种类	号数				
12	1	承前页					贷	69600
	4	存入	交款单	119		100000	贷	169600
	8	支出	现支	310	9600		贷	160000
	15	支出	托收	711	10000		贷	150000
	16	存入	交款单	120		20000	贷	170000
	20	支出	转支	610	5000		贷	165000
	23	支出	转支	611	1000		贷	164000
	25	支出	托收	712	20000		贷	144000
	27	存入	交款单	121		30000	贷	174000
	30	存入	委托	480		20000	贷	194000
	31	支出	利息单	491	4000		贷	190000

3. 要求　将“银行存款日记账”与“银行对账单”逐笔勾对后，找出未达账项，并编制“银行存款余额调节表”。

实务训练二

1. 目的　练习财产清查结果的账务处理。

2. 资料　某药厂2009年12月财产清查结果如下。

(1) 查明甲药材盘盈500kg，计价1500元；乙药材盘亏300kg，计价3000元，原因待查。

经上报批准，盘盈甲材料属计量错误所致，作冲减“管理费用”。盘亏乙药材中100kg属自然损耗；100kg为管理人员李平责任造成，由李平赔偿损失，款未收；100kg为意外灾难造成，作营业外支出处理。

(2) 查明盘盈设备一台，重置价值30000元，6成新，原因待查；查明盘亏机床一台，原价80000元，已提折旧50000元，原因待查。

经上报批准，盘盈设备作单位收益处理；盘亏机床作营业外支出处理。

(3) 查出现金减少100元，原因待查。

经查明为出纳员陈明责任，报批后责令其赔偿，款未收。

(4) 确定无法收回的应收账款3000元，经报批后作为坏账损失处理。该企业有计提坏账准备金。

(5) 确定无法支付的应付账款一笔计5000元，经报批后予以转销，作单位收益处理。

3. 要求　根据上述资料编制会计分录。

第九章 账务处理程序

学习目标

学习完本章后要求掌握账务处理程序的种类，通用账务处理流程（原始凭证→记账凭证→会计账簿→会计报表），根据资料能采用不同的账务处理程序处理账务。

重点难点

本章的学习重点是记账凭证处理程序；难点是记账凭证汇总表和汇总记账凭证账务处理程序。

第一节 账务处理程序的意义和种类

一、账务处理程序的意义

在会计工作中，设置账户、填制和审核原始凭证、填制记账凭证、登记账簿、编制会计报表，这些会计核算方法并不是孤立的，而是按一定的形式结合在一起而形成的一个会计方法体系。要科学地组织会计工作，就取决于能否有序、合理地运用这个方法体系，而关键在于确定一个合理的账务处理程序。所谓账务处理程序，又称会计核算形式，就是把账簿组织、记账程序和记账方法相结合的方式。账簿组织，是指账簿的种类、格式和各种账簿之间的相互关系；记账程序和方法是指从记账凭证的填制、登记账簿到依据账簿编制报表的过程及所需的专门方法。

科学、合理的账务处理程序的选择，是做好会计工作的前提，对于保证会计核算工作质量，提高会计工作效率，加强会计管理，发挥会计在经济管理中的作用都具有重要意义。

二、账务处理程序的要求

账务处理程序，一般应符合以下基本要求。

（1）统一性　账务处理程序要符合国家的有关规定，能够正确、及时完整地为国家和有关部门提供可比的会计信息。

（2）适用性　账务处理程序在符合国家有关规定的基础上，要结合本单位的经济活动的特点、规模、业务繁简等，选择适合本单位的账务处理程序，与本企业的经济管理要求相适应。

（3）科学性　选择高速的、高效益的账务处理程序有利于简化会计核算手续，节约人力物力。会计电算化的运用，可提高工作效率和经济效益；是有利于会计人员分工协作，加强岗位责任制的。

三、账务处理程序的种类

目前，企事业单位所采用的账务处理程序主要有：

① 记账凭证账务处理程序；

② 记账凭证汇总表账务处理程序；

③ 汇总记账凭证账务处理程序。

上述三种账务处理程序既有共同点，又有差异。它们的共同点是基本的程序模式相同，主要表现在：任何一种账务处理程序，都必须依据合法的原始凭证或原始凭证汇总表填制记账凭证，依据记账凭证及所附原始凭证登记账簿，对账、结账后依据账簿记录编制会计报表，即原始凭证→记账凭证→账簿记录→会计报表。各种账务处理程序的差异点主要在登记总分类账的依据和方法上不同。

第二节 记账凭证账务处理程序

一、记账凭证账务处理程序的特点

记账凭证账务处理程序是指直接根据记账凭证逐笔登记总分类账的一种账务处理程序。它是会计核算中最基本的一种账务处理程序，其他各种账务处理程序都是在其基础上发展而形成的。

记账凭证账务处理程序的特点是：直接根据各种记账凭证逐笔登记总分类账。采用该种程序，记账凭证一般采用收款凭证、付款凭证和转账凭证三种格式来反映单位的收款业务、付款业务和转账业务。也可以设置一种通用式记账凭证格式，用于反映全部的经济业务。其账簿组织一般设置总分类账、明细分类账和日记账。

二、记账凭证账务处理程序的步骤

记账凭证账务处理程序可分为以下几个步骤：

① 根据原始凭证或原始凭证汇总表填制收款凭证、付款凭证和转账凭证；

② 根据收款凭证、付款凭证及所附原始凭证，逐笔登记现金和银行存款日记账；

③ 根据记账凭证及有关原始凭证或原始凭证汇总表，逐笔登记各种明细分类账；

④ 根据收款凭证、付款凭证和转账凭证逐笔登记总分类账；

⑤ 期末按对账的要求将现金日记账和银行存款日记账、明细分类账分别与总分类账进行核对相符；

⑥ 根据总分类账和明细分类账及有关资料编制会计报表。

记账凭证账务处理程序，如图 9-1 所示。

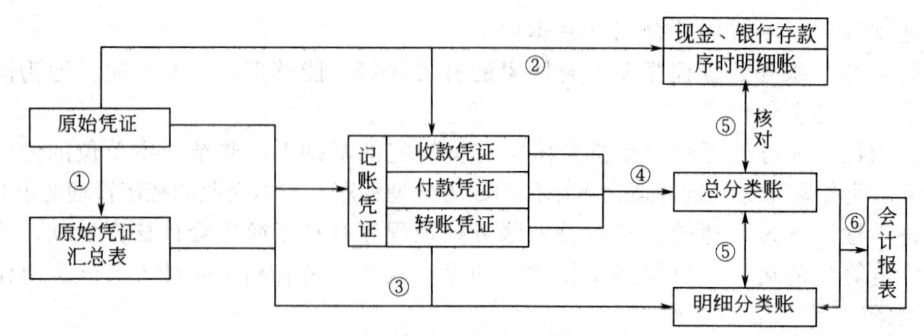

图 9-1 记账凭证账务处理程序

三、记账凭证账务处理程序的优缺点及适用范围

记账凭证账务处理程序的优点是程序简单明了，核算手续简便，易懂易学；且根据记账

凭证直接登记总账，对应关系清楚，便于查账。该程序的缺点是在经济业务较多的情况下，登记总分类账的工作量太大，且不便于会计分工。因此，记账凭证账务处理程序主要适用于经营规模较小、经济业务量较少的会计单位。

第三节 记账凭证汇总表账务处理程序

一、记账凭证汇总表账务处理程序的特点

记账凭证汇总表账务处理程序是指定期将所有的记账凭证按会计科目汇总编制成科目汇总表（又称记账凭证汇总表），然后根据科目汇总表登记总分类账的一种账务处理程序，所以又称科目汇总表账务处理程序。该程序是在记账凭证账务处理程序上发展形成的。

记账凭证汇总表账务处理程序的特点是：先根据记账凭证定期编制科目汇总表，然后根据科目汇总表登记总分类账。在这种账务处理程序下，记账凭证一般采用通用式记账凭证；为了定期对记账凭证进行汇总，还需设置“记账凭证汇总表”这一汇总记账凭证。记账凭证汇总表是根据记账凭证定期汇总出各总分类账户的借方发生额和贷方发生额，并根据其登记总分类账的一种会计科目汇总表。其编制方法是，依据一定时期内的全部记账凭证，按照相同的会计科目归类，定期（如 5 天或 10 天）汇总每一账户的借方发生额和贷方发生额，并将其填列在记账凭证汇总表的相应栏内。记账凭证汇总表的格式如表 9-1 所示。账簿组织与记账凭证账务处理程序相同，一般设置总分类账、明细分类账和日记账。格式上总账和日记账采用三栏式，明细账按需设置。

表 9-1 记账凭证汇总表示例

记账凭证汇总表　　第　号

________年____月　　记账凭证起讫　号

会计科目	账　页	自 1 日至 10 日		自 11 至 20 日		自 21 日到 31 日		本月合计	
		借方	贷方	借方	贷方	借方	贷方	借方	贷方

会计主管：　　记账：　　复核：　　制证：

二、记账凭证汇总表账务处理程序的步骤

① 根据原始凭证或原始凭证汇总表填制记账凭证；

② 根据收款凭证、付款凭证及所附原始凭证，逐笔顺序登记现金和银行存款日记账；

③ 根据记账凭证及有关原始凭证或原始凭证汇总表，逐笔登记各种明细分类账；

④ 根据记账凭证定期编制记账凭证汇总表；

⑤ 根据记账凭证汇总表登记总分类账；

⑥ 期末按对账的要求将现金日记账和银行存款日记账、明细分类账分别与总分类账进行核对相符；

⑦ 根据总分类账和明细分类账及有关资料编制会计报表。

上述账务处理程序如图 9-2 所示。

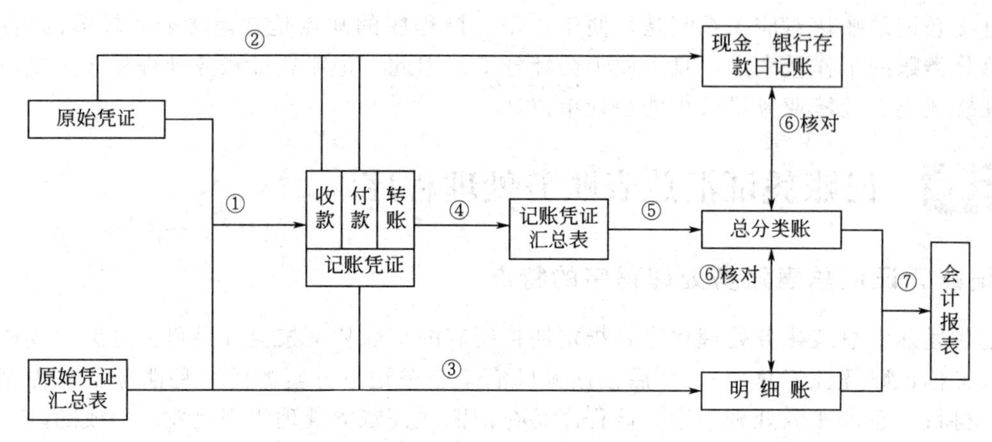

图 9-2 记账凭证汇总表账务处理程序

三、记账凭证汇总表账务处理程序的优缺点及适用范围

记账凭证汇总表账务处理程序的优点是，根据记账凭证汇总表登记总分类账，减轻了登记总分类账的工作量；同时，编制记账凭证汇总表，可进行总分类账户借、贷方发生额的试算平衡，保证记账工作的质量。其缺点是，记账凭证汇总表和总分类账都不能明确反映账户的对应关系，不便于查账。因此，记账凭证汇总表账务处理程序适用于规模较大、经济业务量较多的大中型企、事业单位。

第四节 汇总记账凭证账务处理程序

一、汇总记账凭证账务处理程序的特点

汇总记账凭证账务处理程序是指先定期将记账凭证汇总编制成汇总记账凭证，然后根据汇总记账凭证登记总分类账的一种账务处理程序。

汇总记账凭证账务处理程序的特点是，根据记账凭证汇总编制而成的汇总记账凭证登记总分类账。在这种账务处理程序下，记账凭证需采用收款凭证、付款凭证和转账凭证三类；相应设置汇总记账凭证包括汇总收款凭证、汇总付款凭证和汇总转账凭证三类，格式分别如表 9-2～表 9-4 所示。

表 9-2 汇总收款凭证

借方科目：银行存款　　　　20____年____月　　　　汇总字第 1 号

贷方科目	金额				总账页数		记账凭证起讫号
	1 日～10 日	11 日～20 日	21 日～30 日	合计	借方	贷方	
主营业务收入	40000.00						1 日～10 日
应收账款	15000.00						银收字 1～4 号
短期借款	20000.00						
长期借款	500000.00						
实收资本	50000.00						
合计	625000.00						

会计主管：　　　　记账：　　　　复核：　　　　制证：

表 9-3　汇总付款凭证

贷方科目：库存现金　　　　　　　　20____年____月　　　　　　　　汇总字第 4 号

借方科目	金额				总账页数		记账凭证起讫号
	1 日～10 日	11 日～20 日	21 日～30 日	合计	借方	贷方	
银行存款	4000.00						1 日～10 日
其他应收款	700.00						现付字 1～3 号
管理费用	300.00						
合计	5000.00						

会计主管：　　　　　　记账：　　　　　　复核：　　　　　　制证：

表 9-4　汇总转账凭证

贷方科目：应付账款　　　　　　　　20____年____月　　　　　　　　汇总字第 18 号

借方科目	金额				总账页数		记账凭证起讫号
	1 日～10 日	11 日～20 日	21 日～30 日	合计	借方	贷方	
应交税费	1700.00						转字第 6～9 号
原材料	10000.00						
制造费用	16300.00						
固定资产	90000.00						
合计	118000.00						

会计主管：　　　　　　记账：　　　　　　复核：　　　　　　制证：

汇总收款凭证，按现金和银行存款账户的借方分别设置，依据一定时期的全部现金和银行存款的收款凭证，按其相对应的贷方账户加以归类、汇总。

汇总付款凭证，按现金和银行存款账户的贷方分别设置，依据一定期间内的现金和银行存款的付款凭证，按与其相对应的借方账户加以归类、汇总。

汇总转账凭证，通常按每一贷方账户分别设置，根据一定期间内的全部转账凭证，分别按与设置凭证账户相对应的借方账户加以归类、汇总。

汇总记账凭证账务处理程序的账簿组织上设置总账、明细账和日记账。格式与记账凭证账务处理程序的基本相同。

二、汇总记账凭证账务处理程序的步骤

① 根据原始凭证或原始凭证汇总表填制收款凭证、付款凭证和转账凭证；

② 根据收款凭证、付款凭证及所附原始凭证，逐笔登记现金和银行存款日记账；

③ 根据记账凭证及有关原始凭证或原始凭证汇总表，逐笔登记各种明细分类账；

④ 根据收款凭证、付款凭证和转账凭证分别定期编制汇总收款凭证、汇总付款凭证和汇总转账凭证；

⑤ 根据各种汇总凭证登记总分类账；

⑥ 期末按对账的要求将现金日记账和银行存款日记账、明细分类账分别与总分类账进行核对相符；

⑦ 根据总分类账和明细分类账及有关资料编制会计报表。

上述账务处理程序如图 9-3 所示。

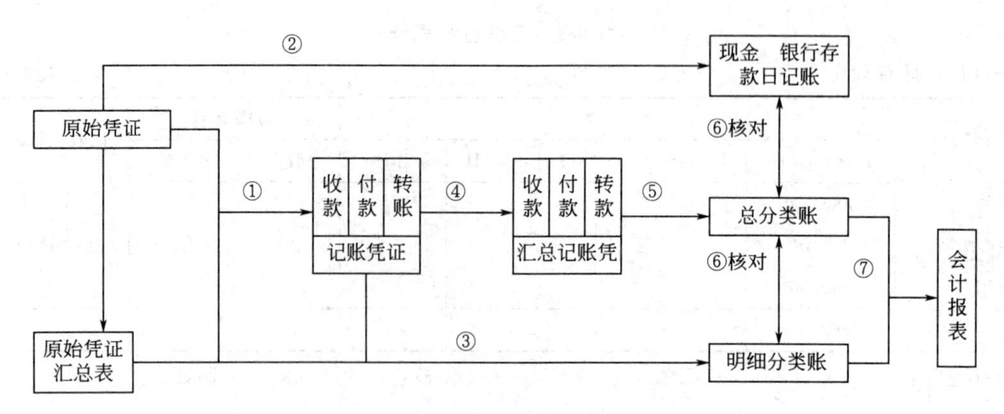

图 9-3 汇总记账凭证账务处理程序

三、汇总记账凭证账务处理程序的优缺点及适用范围

汇总记账凭证账务处理程序的优点是：由于是根据汇总记账凭证登记总分类账，从而减轻了登记总分类账的工作量；同时，汇总记账凭证是根据凭证按照账户的对应关系编制的，能清晰地反映经济业务的来龙去脉，便于分析和检查账目。汇总记账凭证账务处理程序的缺点是：汇总记账凭证的编制工作量大，较复杂。所以，汇总记账凭证账务处理程序主要适用于经营规模较大，经济业务量较多的大、中型企业单位。

【学习检测】

一、问答题

1. 什么是账务处理程序？它有哪几种？
2. 记账凭证账务处理程序的特点是什么？试述其核算步骤、优缺点和适用范围。
3. 记账凭证汇总表账务处理程序的特点是什么？指出其优缺点和适用范围。
4. 汇总记账凭证账务处理程序的特点是什么？指出其优缺点和适用范围。
5. 试比较三种账务处理程序的同异。

二、实务训练

1. 目的　练习记账凭证账务处理程序。
2. 资料

（1）某药厂 2009 年 9 月 30 日的账户余额如表 9-5 所示。

表 9-5　某药厂各账户的期初余额

2009 年 9 月 30 日

账　　户	借方余额	账　　户	贷方余额
库存现金	2700	累计折旧	411000
银行存款	92400	短期借款	550000
应收账款	160000	应付账款	735000
原材料	550000	应交税费	8000
库存商品	375000	应付利息	4000
预付账款	10400	实收资本	1200000
固定资产	1860000	盈余公积	430000
利润分配	828000	本年利润	952500
生产成本	412000		
合　　计	4290500	合　　计	4290500

（2）10 月份发生下列经济业务：

① 1 日，国家投入资本 250000 元，存入银行。

② 2 日，以银行存款解缴上月欠交税金 8000 元。

③ 3 日，购入下列药材，货款 150000 元，增值税 25500 元，运费 900 元，以银行存款支付（运杂费按材料重量比例分配）。其中 A 材料 3000kg，40 元/kg；B 材料 1000kg，30 元/kg，共计 150000 元。

④ 4 日，销售甲药品 1000 件，售价 200 元/件，货款 200000 元，增值税 34000 元，货款及税金收到后存入银行。

⑤ 3 日，购入的 A 材料和 B 材料已验收入库，按其实际采购成本入账。

⑥ 6 日，仓库发出下列材料投入甲产品的生产：

A 材料 2000kg，40 元/kg，计 80000 元；

B 材料 800kg，30 元/kg，计 24000 元。合计 104000 元。

⑦ 7 日，以银行存款支付前欠亿达企业货款 200000 元。

⑧ 8 日，收到宜康公司汇来货款 50000 元，存入银行。

⑨ 10 日，向福心公司售出甲药品 3000 件，200 元/件，货款 600000 元及增值税 102000 元尚未收到。

⑩ 12 日，国家投入机器一台，计价 360000 元，作为对该厂的投资。

⑪ 13 日，向银行借入 3 个月的借款 100000 元，存入银行。

⑫ 15 日，向银行提取现金 90000 元，备发工资。

⑬ 15 日，以现金发放工资。

⑭ 16 日，以现金支付行政管理部门办公用品 200 元。

⑮ 18 日，以银行存款支付销售广告费 20000 元。

⑯ 20 日，向宜康公司销售甲药品 300 件，售价 200 元/件，货款及增值税 10200 元，已办理托收手续。

⑰ 25 日，收到福心公司汇来货款 702000 元，存入银行。

⑱ 26 日，生产领用 A 材料 1000kg，40 元/kg，计 40000 元；B 材料 4000kg，30 元/kg，计 120000 元。共计 160000 元。

⑲ 31 日，预提本月应负担的利息 5000 元。

⑳ 31 日，摊销本月份应由管理费用负担的企业财产保险费 3000 元。

㉑ 31 日，计提本月固定资产折旧 40000 元，其中生产车间计提 26000 元，行政管理部门计提 14000 元。

㉒ 31 日，结转本月职工工资 90000 元，其中：生产工人的工资 60000 元，车间管理人员的工资 10000 元，行政管理人员的工资 20000 元。

㉓ 31 日，将本月的制造费用 36000 元计入生产成本。

㉔ 31 日，甲药品 4000 件本月生产完工入库，每件生产成本 74 元。

㉕ 31 日，结转本月产品销售成本，每件成本 74 元。

㉖ 31 日，将损益类各账户余额结转入“本年利润”账户。

㉗ 31 日，按规定计提所得税（税率为 25%）。

㉘ 31 日，按税后利润的 10%计提法定盈余公积金。

3. 要求

① 根据资料（1）开设三栏式总账，登记期初余额。

② 根据资料（2）填制记账凭证，并按业务顺序登记入总分类账。

③ 结出各总分类账户的本期发生额和期末余额，并试算平衡。

第十章

财务报告

学习目标

通过本章学习了解和掌握财务报表的种类，各种报表的编制原理和一般程序。掌握各类报表的编制方法。

重点难点

本章学习的重点、难点是掌握财务报告的编制方法，特别是对各类报表中特殊项目中数据的处理原则。

第一节 财务会计报告概述

一、编制财务报告的意义

财务报告是会计核算工作的结果，是反映会计主体某一特定日期财务状况和某一会计期间经营成果、现金流量的书面文件，也是财务会计部门提供财务信息资料的重要手段。编制财务报告是财务会计工作的一项重要内容。

财务报告所提供的财务信息资料，是各单位的上级主管部门和国家经济管理部门考核各单位财务状况、经营成果的重要依据，也是进行综合平衡，制定宏观经济政策的重要经济信息来源。另外，财务报告也是企业内部管理人员和广大职工了解企业经营状况和经营成果的重要经济信息来源，这有利于企业总结经验，改善经营管理，不断提高企业的经济效益。总之，编制和对外提供财务会计报告的最终目的是为了达到社会资源的合理配置，满足现有的和潜在的投资者、债权人、政府及其他机构对财务信息的需求。

二、财务会计报告的构成

企业的财务会计报告如果从时间上来讲，主要包括年度、半年度、季度和月度财务会计报告；如果从内容上来讲，则包括会计报表、会计报表附注、财务情况说明书。通常季度、月度财务会计报告仅指会计报表。

会计报表包括资产负债表、利润表、现金流量表、所有者权益变动表和附注。

① 资产负债表是反映企业在某一特定日期财务状况的报表；

② 利润表是反映企业在一定会计期间经营成果的报表；

③ 现金流量表是反映企业一定会计期间现金和现金等价物流入和流出的报表；

④ 所有者权益变动表是指反映企业在一定会计期间所有者（股东）权益各项目的增减变动情况的会计报表；

⑤ 附注是指在会计报表中列示项目所作的进一步说明，以及对未能在这些报表中列示项目的说明。

三、财务报表的分类

（一）按报表所反映的经济内容不同，可分为反映企业财务状况及其变动情况的报表和反映企业经营成果的报表

反映企业财务状况及其变动情况的报表可分为两种：一种是反映企业特定日期财务状况的报表，如资产负债表；另一种是反映企业一定时期财务状况变动情况的报表，如现金流量表和所有者权益变动表。

反映企业一定期间经营成果的报表有利润表等。

（二）按报表所反映的资金运动形态的不同，可分为静态报表和动态报表

静态报表是指反映企业特定日期财务状况的报表，如资产负债表。该表体现的是在某一特定日期企业资金运动的结果，其主要是对期末的资产、权益的变动结果进行反映，应根据有关账户的期末余额编报。

动态报表是指反映企业一定时期的财务状况变动情况和经营成果的报表，如利润表、现金流量表和所有者权益变动表。这三张报表体现的是一定时期内企业资金运动的状态，应根据有关账户的发生额和相关报表数字编报。

（三）按报表编制与报送时间的不同，可分为中期报表和年度报表

中期报表是指短于一个完整的会计年度编报的报表，它可以是月报表、季报表或者半年度报表等。其中按月编报的会计报表称为月报表，按季编报的会计报表称为季报表，按年编报的会计报表称为年报表或称决算报表。在我国，月报表通常包括资产负债表和利润表；中期报表通常包括资产负债表、利润表和现金流量表；年报表除上述三种报表外，还包括所有者权益变动表。

四、财务会计报告的编制要求

财务会计报告的编制是企业会计核算工作的重要内容，它直接关系到提供给使用者会计信息的质量。因此，企业财务会计报告的编制必须严格执行国家统一的会计制度的要求。

1. 真实可靠

企业编制财务会计报告，必须根据企业真实的交易、事项以及完整、准确的账簿记录等资料编制，不得采用任何不正当的手段歪曲和粉饰财务会计报告。

2. 相关可比

企业编制财务会计报告，必须严格按照国家统一的会计制度规定的编制基础、编制依据、编制原则和方法，不得以任何理由违反国家统一的会计制度规定，随意改变或受有关组织、个人的指使，强令改变财务会计报告的编制基础、编制依据、编制原则和方法，以保证财务会计信息的相关性和可比性。

3. 全面完整

企业应当按照国家统一的会计制度规定的报表格式和内容，根据登记完整、核对无误的会计账簿记录和其他有关资料编制会计报表，做到内容完整、数字真实、计算准确，不得漏报或者任意取舍。

4. 便于理解

企业编制财务会计报告，对会计报表中各项会计要素的确认与计量，必须依照国家统一的会计制度规定进行合理的确认与计量，不得随意改变会计要素的确认和计量标准。对会计报表之间、会计报表各项目之间，有对应关系的数字，应相互一致，会计报表中本期与上期的有关数字应当相互衔接。

5. 编制及时

企业编制财务会计报告，应当依照有关法律、行政法规和财务会计报告条例规定的结账日进行结账，不得提前或者推迟。年度结账日为公历年度的12月31日，半年度、季度、月度结账日分别为公历年度、每半年、每季、每月的最后一天，并在年度终了编制年度财务会计报告。同时严格按照财务会计报告提供期限的规定，及时对外提供财务会计报告。

按国家统一的财务制度规定，月度中期财务会计报告应当于月度终了后6天内（节假日顺延，下同）对外提供；季度中期财务会计报告应当于季度终了后15天内对外提供；半年度中期财务会计报告应当于年度中期结束后60天内（相当于两个连续的月份）对外提供；年度财务会计报告应当于年度终了后4个月内对外提供。

6. 说明清楚

企业对财务会计报告中的会计报表附注和财务情况说明书，必须按照国家统一的会计制度的规定，对会计报表中需要说明的事项做出真实、完整、清楚的说明。

第二节 资产负债表

一、资产负债表的内容和结构

资产负债表是反映企业在某一特定日期财务状况的报表，它是根据资产、负债和所有者权益之间的相互关系，按照一定的分类标准和一定的顺序，把企业一定日期的资产、负债和所有者权益各项目予以适当排列，并对日常会计工作中形成的大量数据进行高度浓缩整理后编制而成的。它表明企业某一特定日期所拥有或控制的经济资源，所承担的现有债务和所有者对净资产的要求权。

（一）资产负债表的内容

① 在某一特定日期企业所拥有的经济资源，包括企业拥有或者控制的各项资产。如流动资产、长期股权投资、固定资产、无形资产及其他资产。

② 在某一特定日期企业所承担的债务，包括流动负债和长期负债。

③ 在某一特定日期企业投资者所拥有的净资产，包括实收资本、资本公积、盈余公积和未分配利润。

资产负债表的项目排列如表10-1所示。

表10-1 资产负债表

资　产	负　债
(1)流动资产	(1)流动负债
(2)长期股权投资	(2)长期负债
(3)固定资产	所有者权益
(4)无形资产	(1)实收资本(或股本)
(5)其他资产	(2)资本公积
	(3)盈余公积
	(4)未分配利润

（二）资产负债表的结构

资产负债表包括表头、表身。表头主要包括资产负债表的名称、编制单位、编制日期和金额单位；表身包括各项资产、负债和所有者权益项目的年初数和期末数。

资产负债表采用账户式反映，分为左右两方，左方列示资产各项目，右方列示负债和所有者权益各项目，资产各项目的合计等于负债和所有者权益各项目的合计。

二、资产负债表的编制

资产负债表的编制应根据日常会计核算记录的数据加以归集，整理填列。资产负债表各项目的“年初数”，应根据上年年末资产负债表“期末数”栏内所列数字填列。如发生会计调整事项，应按规定进行调整，并按调整后的数据填入“年初数”栏内。

资产负债表各项目的“期末数”应根据有关科目记录填列，其数据来源可分别不同情况，通过以下方式取得，一是根据总账科目余额直接填列；二是根据总账科目余额计算填列；三是根据明细科目余额计算填列；四是根据总账科目和明细科目余额分析计算填列。

三、资产负债表各项目的填列方法

会计报表的编制，主要是通过对日常会计核算记录的数据加以归集、整理，使之成为有用的财务信息。我国企业资产负债表各项目数据的来源，主要通过以下几种方式取得。

（1）根据总账科目余额直接填列　如“应收票据”项目，根据“应收票据”总账科目的期末余额直接填列；“短期借款”项目，根据“短期借款”总账科目的期末余额直接填列。

（2）根据总账科目余额计算填列　如“货币资金”项目，根据“现金”、“银行存款”、“其他货币资金”科目的期末余额合计数计算填列。

（3）根据明细科目余额计算填列　如“应付账款”项目，根据“应付账款”、“预付账款”科目所属相关明细科目的期末贷方余额计算填列。

（4）根据总账科目和明细科目余额分析计算填列　如“长期借款”项目，根据“长期借款”总账科目期末余额，扣除“长期借款”科目所属明细科目中反映的、将于一年内到期的长期借款部分，分析计算填列。

（5）根据科目余额减去其备抵项目后的净额填列　如“短期投资”项目，根据“短期投资”科目的期末余额，减去“短期投资跌价准备”备抵科目余额后的净额填列；又如，“无形资产”项目，根据“无形资产”科目的期末余额，减去“无形资产减值准备”备抵科目余额后的净额填列。

四、资产负债表填列方法举例

根据表10-2所给资料，可编制该公司20××年度12月31日的资产负债表期末数栏如表10-3所示。

表10-2　科目余额表

单位：元

科目名称	借方余额	科目名称	贷方余额
库存现金	5000	短期借款	240000
银行存款	380000	应付票据	50000
其他货币资金	120000	应付账款	260000
应收票据	55000	其他应付款	2000
应收账款	460000	应付职工薪酬	4000
坏账准备	－2500	应交税费	73500
交易性金融资产	78000	长期借款	1500000
预付账款	40000	应付债券	200000

续表

科目名称	借方余额	科目名称	贷方余额
其他应收款	3000	实收资本	2000000
在途物资	300000	资本公积	109000
原材料	220000	盈余公积	260000
周转材料	110000	利润分配	150000
库存商品	160000		
长期股权投资	150000		
固定资产	3000000		
累计折旧	-600000		
在建工程	250000		
无形资产	120000		
合　计	4848500	合　计	4848500

表 10-3　资产负债表

编制单位：×××　　　　20××年 12 月 31 日　　　　单位：元

资　产	行次	年初数	期末数	负债和所有者权益(或股东权益)	行次	年初数	期末数
流动资产：				流动负债：			
货币资金	1		505000	短期借款	30		240000
交易性金融资产	2		78000	应付票据	31		50000
应收票据	3		55000	应付账款	32		260000
应收股利	4			预收账款	33		
应收利息	5			应付职工薪酬	34		4000
应收账款	6		457500	应付股利	35		
减：坏账准备	7			未交税费	36	（略）	73500
其他应收款	8		3000	其他应付款	37		2000
预付账款	9	（略）	40000	预计负债	38		
存货	10		790000	其他流动负债	39		
一年内到期的长期债权投资	11			一年内到期的长期负债	40		
其他流动资产	12			其他流动负债	41		
流动资产合计	13		1928500	流动负债合计	42		629500
长期投资：				长期负债：			
长期股权投资	14		150000	长期借款	43		1500000
长期债权投资	15			应付债券	44		
长期投资合计	16		150000	长期应付款	45		
固定资产：				专项应付款	46		200000
固定资产原值	17		3000000	其他长期负债	47		
减：累计折旧	18		600000				
固定资产净值	19		2400000				
减：固定资产减值准备	20			长期负债合计	49		1700000
固定资产净额	21			递延税项：			
工程物资	22			递延税款贷项	50		
在建工程	23		250000	负债合计	51		2329500
固定资产合计	23		2650000	所有者权益(或股东权益)：			
无形资产及其他资产：				实收资本(或股本)	52		2000000
无形资产	24		120000	减：已归还投资	53		
长期待摊费用	25			实收资本(或股东)净额	54		
其他长期资产	26			资本公积	55		109000
无形资产及其他资产合计	27		120000	盈余公积	56		260000
递延税项：				未分配利润	57		150000
递延税项借项	28			所有者权益(或股东权益)合计	58		2519000
资产总计	29		4848500	负债和所有者权益(或股东权益)总计	59		4848500

第三节 利润表

一、利润表的内容和结构

（一）利润表的内容

利润表是反映企业在一定会计期间经营成果的报表。利润表是将一定期间的收入与其同一会计期间相关的费用进行配比，以计算出企业一定时期的净利润（或净亏损）。利润表可以提供反映企业收入、费用以及收益和成本耗费方面的信息，能够使信息使用者了解投入资本的完整性，并可分析企业未来利润的发展趋势及获利能力，是信息使用者决策的重要依据。由于利润表综合地体现了企业经营业绩，而且又是进行利润分配的主要依据，因而是企业的主要会计报表。

按我国企业会计制度规定，利润表主要包括以下内容。

1. 营业收入

以主营业务收入为基础，加上其他业务活动实现的收入，反映企业在一定时期内经营活动的业绩。

2. 营业利润

以实现的收入、投资收益减去营业成本、营业税金及附加和期间费用，反映企业在一定时期内经营活动的结果。

3. 利润（或亏损）**总额**

利润总额是在营业利润的基础上，加营业外收入，减营业外支出等，反映企业在一定时期内全部经济活动的最终结果。

4. 净利润（或净亏损）

净利润在利润总额的基础上，减去本期所得税费用，反映企业自行支配的权益。

（二）利润表的结构

目前，利润表的结构采用多步式利润表，包括表头、表身和表尾三部分，表头主要包括利润表的名称、编制单位、编制期间和金额单位；表身包括构成净利润的各项要素的本月数和本年累计数；表尾则包括补充资料部分。

利润表基本格式为计算式，其中的净利润是通过多步计算而来的，这样排列能为信息使用者提供较为有用的资料，对评价构成净利润的各项目的重要性及对经营成果的影响较为有利。而补充资料的填列，则有利于分析和评价利润的变动原因，以更好地预测未来利润的变化趋势及获利前景。

二、利润表的编制

按照企业会计制度规定，根据企业利润表的内容及格式，应采用以下方法编制。

报表“本月数”栏反映各项目的本月实际发生数，在编报中期财务会计报告时，填列上年同期累计实际发生数，在编报年度财务会计报告时，填列上年全年累计实际发生数，如果上年度利润表与本年度利润表的名称和内容不一致，应对上年度利润表项目的名称和数字按本年度的规定进行调整，填入本表“上年度”栏，在编报中期和年度财务会计报告时，应将“本月数”栏改成“上年度”栏。

本表“本年累计数”栏反映企业自年初起至报告期末止的累计实际发生数。

三、报表各项目的内容及其填列要求

（1）“营业收入”项目　本项目应根据“主营业务收入”和“其他业务收入”的发生额填列。

（2）“营业成本”项目　本项目应根据“主营业务成本”和“其他业务成本”的发生额填列。

（3）“营业税金及附加”项目　反映企业经营主要业务应负担的营业税、消费税、城市维护建设税、资源税、土地增值税和教育费附加等。本项目应根据“营业税金及附加”科目的发生额分析填列。

（4）“销售费用”项目　反映企业在销售商品和商品流通企业在购入商品等过程发生的费用。本项目应根据“销售费用”科目的发生额分析填列。

（5）“管理费用”项目　反映企业发生的管理费用，本项目应根据“管理费用”科目的发生额分析填列。

（6）“财务费用”项目　反映企业发生的财务费用，本项目应根据“财务费用”科目的发生额分析填列。

（7）“投资收益”项目　反映企业以各种方式对外投资取得的收益。本项目应根据“投资收益”科目的发生额分析填列；如为投资损失，以“－”号填列。

（8）“营业利润”项目　反映企业在一定时期内经营活动的结果。如为亏损以“－”号填列。

（9）“营业外收入”项目　反映企业发生的与其生产经营无直接关系的各项收入。这个项目应根据“营业外收入”科目的发生额分析填列。

（10）“营业外支出”项目　反映企业发生的与其生产经营无直接关系的各项支出。本项目应根据“营业外支出”科目的发生额分析填列。

（11）“利润总额”项目　反映企业实现的利润总额。如为亏损总额，以“－”号填列。

（12）“所得税费用”项目　反映企业按规定从本期损益中减去的所得税。本项目应根据“所得税费用”科目的发生额分析填列。

（13）“净利润”项目　反映企业实现的净利润。如为净亏损，以“－”号填列。

四、利润表格式

利润表格式见表10-4。

表10-4　利润表

编制单位：　　　　　＿＿＿＿年＿＿月　　　　　单位：元

项　目	本月数	本年累计数
一、营业收入		
减：营业成本		
营业税金及附加		
销售费用		
管理费用		
财务费用		
资产减值损失		
加：公允价值变动收益(损失以“－”号填列)		

续表

项　　目	本月数	本年累计数
加:投资收益(损失以"－"号填列)		
二、营业利润(亏损以"－"号填列)		
加:营业外收入		
减:营业外支出		
三、利润总额(亏损以"－"号填列)		
减:所得税费用		
四、净利润(净亏损以"－"号填列)		

补充资料:

项　　目	本年累计数	上年实际数
1. 出售、处置部门或被投资单位所得收益		
2. 自然灾害发生的损失		
3. 会计政策变更增加（或减少）利润总额		
4. 会计估计变更增加（或减少）利润总额		
5. 债务重组损失		
6. 其他		

第四节　现金流量表

一、现金流量表的作用

现金流量表是反映企业一定会计期间现金和现金等价物流入和流出的报表。按照企业会计制度，现金流量表与资产负债表、利润表一起构成了企业对外提供的会计报表，并分别从不同角度反映企业的财务状况、经营成果和现金流量，以充分满足不同信息使用者的决策需要。

现金流量表可以反映企业现金流入和流出的全貌，以表明企业获得现金和现金等价物的能力，其主要作用如下。

① 现金流量表可以提供企业现金流量的信息，从而使信息使用者对企业整体财务状况作出客观评价。

② 现金流量表有利于分析、评价和预测企业未来产生现金流量的能力。通过现金流量表信息，既可分析现金变动的原因，又可通过现金变动的结果，评价企业财务结构以及企业为适应外部经济环境变化而对现金流量进行调整的能力。

③ 现金流量表有利于分析、评价和预测企业偿债及支付股利的能力。由于现金流量表是以现金流动制为基础而提供的信息，因而是评价企业支付能力最直接有效的方法，这也同时避免了其他会计报表所提供信息的缺陷。

④ 现金流量表有利于分析、评价和预测企业净收益的可靠性。由于企业的净利润以权责发生制原则、谨慎原则等计算确定，从而进一步分析、预测未来现金流量，并评价企业净收益的可靠性。

⑤ 现金流量表有利于分析、评价和预测企业经营、投资及筹资活动的有效性。在现金流量表中披露了企业经营、投资和筹资活动对企业现金流量的影响，通过分析，可较全面地评价各项活动的成果，从而使企业合理地控制现金流动，实现现金的最佳配置和使用，制定科学合理的决策。

二、现金流量表的编制基础

现金流量表是以现金为基础编制的，这里的现金是指企业的现金和现金等价物，具体包括内容如下。

1. 库存现金

库存现金是指企业持有的可随时用于支付的现金数额，与会计核算中“库存现金”科目所包括的内容一致。

2. 银行存款

银行存款是指企业存在金融机构随时可以用于支付的存款，与会计核算中“银行存款”科目所包括的内容基本一致。值得注意的是，作为现金流量表中的现金，必须是企业在金融机构随时可以用于支付的存款，如果不能随时用于支付，则不能作为现金流量表中的现金。如不能随时支取的定期存款。

3. 其他货币资金

其他货币资金是指企业存在金融机构具有特定用途的资金。如外埠存款、银行汇票存款、银行本票存款、信用证保证金存款、信用卡存款等。

4. 现金等价物

现金等价物是指企业持有的期限短、流动性强、易于转换为已知金额的现金、价值变动风险很小的投资。现金等价物虽然不是现金，但其支付与现金的差别不大。现金等价物通常指购买在3个月或更短时间的、到期即可转换为现金的投资。根据企业会计制度规定，企业应依据现金等价物的定义，根据企业具体情况，确定现金等价物的范围，并且一贯性地保持其划分标准，如改变划分标准，应视为会计政策的变更。企业确定现金等价物的原则及其变更，应在会计报表附注中披露。

三、现金流量表的内容

现金流量是指现金的流入和流出。按企业会计制度规定，现金流量表应按照经营活动产生的现金流量、投资活动产生的现金流量和筹资活动产生的现金流量分别反映。

（一）经营活动产生的现金流量

经营活动是指企业投资活动和筹资活动以外的所有交易和事项，包括销售商品或提供劳务、购买货物、接受劳务、制造产品、广告宣传、交纳税款等。经营活动产生的现金流量是企业通过运用所拥有或控制的资产创造的现金流量，主要是与企业净利润有关的现金流量，通过现金流量表中经营活动产生的现金流入和流出，可以说明企业经营活动对现金流入和流出净额的影响程度。

（二）投资活动产生的现金流量

投资活动是指企业长期资产的购建和不包括在现金等价物范围内的投资及处理活动，主要包括投资的取得或收回、取得的投资收益、处置固定资产、无形资产和其他长期资产以及购建固定资产、无形资产和其他长期资产的现金流入和流出，可以分析企业通过投资获取现金流量的能力以及投资活动产生的现金流量对企业现金流量净额的影响程度。

(三) 筹资活动产生的现金流量

筹资活动是指导企业资本及债务规模和构成发生变化的活动，包括吸收投资、取得借款、偿还债务、分析股利、偿付利息等。通过现金流量表中筹资活动产生的流入和流出，可以分析企业筹资的能力以及筹资活动产生的现金流量对企业现金净额的影响程度。

值得注意的是，企业在编制现金流量表时，应根据企业本身经济业务的性质和具体情况，按照现金流量分类方法及重要性原则，准确地判断和确定某项交易或事项所产生的现金流量应当归属的类别和项目。

四、现金流量表的结构

现金流量表包括正表和补充资料两部分。正表按照现金流量的性质分为经营活动的现金流入和流出、投资活动的现金流入和流出、筹资活动的现金流入和流出三部分，分别反映经营活动的现金流量、投资的现金流量和筹资活动的现金流量。

补充资料包括三个部分，一是将净利润调节为经营活动的现金流量，即按间接法编制的经营活动的现金流量；二是不涉及现金收支的投资和筹资活动；三是现金及现金等价物的净增加情况。

五、现金流量表各项目的内容

现金流量表格式如表 10-5 所示。

表 10-5　现金流量表

编制单位：　　　　　　　　年　月　日　　　　　　　　单位：元

项　目	行　次	金　额
一、经营活动产生的现金流量		
销售商品、提供劳务收到的现金	1	
收到的税费返还	3	
收到的其他与经营活动有关的现金	8	
现金流入小计	9	
购买商品、接受劳务支付的现金	10	
支付给职工以及为职工支付的现金	12	
支付的各项税费	13	
支付的其他与经营活动有关的现金	14	
现金流出小计	20	
经营活动产生的现金流量净额	21	
二、投资活动产生的现金流量		
收回投资产生的现金流量	22	
取得投资收益所收到的现金	23	
处置固定资产、无形资产和其他长期资产所收回的现金净额	25	
收到的其他与投资活动有关的现金	28	
现金流入小计	29	
购建固定资产、无形资产和其他长期资产所支付的现金	30	
投资所支付的现金	31	
现金流出小计	36	
投资活动产生的现金流量净额	37	

续表

项　　目	行　　次	金　　额
三、筹资活动产生的现金流量		
吸收投资所收到的现金	38	
借款所收到的现金	40	
收到的其他与筹资活动有关的现金	43	
现金流入小计	44	
偿还债务所支付的现金	45	
分配股利、利润或偿付利息所支付的现金	46	
支付的其他与筹资活动有关的现金	52	
现金流出小计	53	
筹资活动产生的现金流量净额	54	
四、汇率变动对现金的影响	55	
五、现金及现金等价物净增加额	56	

补充资料

项　　目	行　　次	金　　额
1. 将净利润调节为经营活动现金流量：		
净利润	57	
加：计提的资产减值准备	58	
固定资产折旧	59	
无形资产摊销	60	
长期待摊费用摊销	61	
处置固定资产、无形资产和其他长期资产的损失（减：收益）	62	
固定资产报废损失	63	
财务费用	64	
投资损失（减：收益）	65	
递延税款贷项（减：借项）	66	
存货的减少（减：增加）	67	
经营性应收项目的减少（减：增加）	68	
经营性应付项目的增加（减：减少）	69	
其他	70	
经营活动产生的现金流量净额	71	
2. 不涉及现金收支的投资和筹资活动：		
债务转为资本	72	
一年内到期的可转换公司债券	73	
融资租入固定资产	74	
3. 现金及现金等价物净增加情况：		
现金的期末余额	75	
减：现金的期初余额	76	
加：现金等价物的期末余额	77	
减：现金等价物的期初余额	78	
现金及现金等价物净增加额	79	

第五节 会计报表的报送、审核和汇总

财务报表是反映会计主体财务状况、经营成果情况的书面文件。为了充分发挥会计报表的作用，应当定期向经营者、投资人、债权人、有关的政府部门以及其他报表使用者提供财务报表。

一、会计报表的报送

企业、事业和行政单位编好会计报表，在报送之前，必须由本单位会计机构负责人或会计主管人员和单位负责人进行认真复核，并签名或盖章。在设置总会计师的单位，还要由总会计师审核签章。报送的财务报表要依次编定页数，加具封面，并装订成册，加盖公章。封面上应注明：单位名称、地址、主管部门、报表所属年度和月份、送出日期等。

会计报表报送的单位，主要根据企业管理体制，同时考虑国家综合平衡工作需要以及增加财政、信贷监督的要求而定。基层企业一般报送上级主管部门、财税部门、开户银行以及投资人等。

会计报表的报送期限由上级主管部门统一规定，各编表单位必须如期报送会计报表，以便上级和有关部门及时汇总和利用会计报表，发挥其应有的作用。根据企业会计制度规定，月报应于月份终了6天内报出，年报于年度终了后4个月内报出。

二、会计报表的审核

各级主管部门收到所属单位报来的会计报表，应当认真审核。主要审核会计报表的编制是否符合会计制度的有关规定，应报送的会计报表种类是否齐全，手续是否完备；会计报表所提供的各项指标是否真实准确；对于需要说明的问题是否附有情况说明；相关的报表及相关的项目之间的钩稽关系是否衔接一致；报表的编制人员、企业领导、总会计师、会计主管人员是否签章等。另外，还应以报表反映的数字和情况，检查有关计划的执行结果和对方针、政策、财经制度、财务制度的贯彻情况，检查有无违反国家法令和财经纪律等不法行为。

会计报表经过审核，如果发现填报错误或手续不全，应及时通知原填报单位进行更正。如果发现有违反财经法令、制度和纪律等情况，应当进一步查明原因，严肃处理。

三、会计报表的汇总

基层单位的会计报表经过审核后，应当按照隶属关系由主管部门逐级加以汇总，编制汇总会计报表。

汇总会计报表的各个报表项目，应根据所属单位的会计报表与汇编单位本身的会计报表，经过整理、合并、汇总而填列。

在编制汇总会计报表时，大部分汇总报表项目，可以根据所属单位和下一级主管部门上报的会计报表相同项目直接汇总填列，但对于上下级单位之间的款项往来、资金和利润交拨等项目，在汇总时应当互相抵消，不能重列。另外，还必须注意汇编的单位是否齐全，防止漏编、漏报。

【模拟实训】

基本要求：根据下列给出的资料，编制资产负债表。

资料：光华化工厂20××年12月31日的有关账户余额见表10-6。

表 10-6　光华化工厂的有关账户余额　　单位：元

行次	账户名称	借方余额	贷方余额
1	库存现金	400	
2	银行存款	378500	
3	原材料	449475	
4	库存商品	240000	
5	生产成本	130000	
6	预付账款	5600	
7	无形资产	9000	
8	应收票据	148000	
9	长期投资	120000	
10	固定资产	2000000	
11	累计折旧		562000
12	应付账款		40000
13	应付票据		200000
14	短期借款		650000
15	应付利息		21000
16	应付职工薪酬		18000
17	应交税费		59310
18	利润分配		106765
19	实收资本		1600000
20	资本公积		12000
21	盈余公积		111900
22	本年利润		100000
合　计		3480975	3480975

【学习检测】

一、问答题

1. 什么是财务会计报告？简述财务会计报告的构成内容与编报要求。
2. 什么是财务会计报表？简述财务会计报表的分类。
3. 什么是资产负债表？表中项目应如何填列？
4. 什么是利润表？表中项目应如何填列？

二、选择题

（一）单项选择题

1. 资产负债表是反映企业（　）的会计报表。

A. 某一期间的财务状况　　B. 某一特定日期的经营成果

C. 某一期间的经营成果　　D. 某一特定日期的财务状况

2. 下列项目中，不属于在利润表“营业收入”项目中列示的是（　）。

A. 销售商品收入　　B. 销售材料收入

C. 出售无形资产收入　　D. 出租无形资产收入

3. 资产负债表下列项目中，应根据相应总账账户期末余额直接填列的是（　）。

A. 货币资金　　B. 应交税费　　C. 预付账款　　D. 存货

4. 反映某一特定期间财务成果的报表是（　）。

A. 资产负债表　　B. 利润表　　C. 产品成本表　　D. 财务状况变动表

5. 资产负债表中的资产项目是（　　）排列。

A. 按其流动性　　B. 按其重要性　　C. 按其有用性　　D. 按其随意性

6. 我国企业利润表格式采用（　　）。

A. 账户式　　B. 单步式　　C. 报告式　　D. 多步式

7. 利润表中的项目应根据总分类账的（　　）填列。

A. 期末余额　　B. 发生额

C. 期初余额　　D. 期初余额＋发生额

8. 利润分配表是（　　）的附表。

A. 资产负债表　　B. 利润表　　C. 财务状况变动表　　D. 财务状况说明书

9. 我国企业资产负债表格式采用（　　）。

A. 账户式　　B. 单步式　　C. 报告式　　D. 多步式

10. “应收账款”账户所属明细账户如有贷方余额，应在资产负债表（　　）项目中反映。

A. 预付账款　　B. 预收账款　　C. 应收账款　　D. 应付账款

11. 编制会计报表时，以“收入－费用＝利润”这一会计等式作为编制依据的会计报表是（　　）。

A. 利润表　　B. 利润分配表　　C. 资产负债表　　D. 现金流量表

12. 按照我国现行会计制度规定，企业每个（　　）都要编制资产负债表。

A. 月末　　B. 季末　　C. 半年度　　D. 年末

（二）多项选择题

1. 资产负债表填列项目的依据是（　　）。

A. 总账各账户余额　　B. 总账各账户本期发生额

C. 明细账户发生额　　D. 某些明细账户余额

E. 总账发生额和某些明细账户发生额

2. 按照《企业会计准则第30号——财务报表列报》的规定，企业的财务报表至少应当包括“四表一注”，这“四表一注”是（　　）。

A. 资产负债表　　B. 利润表　　C. 现金流量表

D. 利润分配表以及附注　　E. 所有者权益变动表以及附注

3. 会计报表的使用者有（　　）。

A. 投资者　　B. 债权人　　C. 各级主管机关和国家经济管理机关

D. 企业内部管理者　　E. 银行及其他金融机构

4. 会计报表编制时间不同，可分为（　　）。

A. 汇总报表　　B. 年度报表　　C. 季度报表

D. 月份报表　　E. 合并报表

5. 下列项目中，应在资产负债表中作为“存货”项目列示的有（　　）。

A. 生产成本　　B. 库存商品　　C. 工程物资

D. 周转材料　　E. 原材料

6. 利用资产负债表的资料，可以了解（　　）。

A. 企业资产数额和分布情况　　B. 债权人和所有者权益及其构成情况

C. 企业财务实力　　D. 企业短期偿债能力和支付能力

E. 企业长期偿债能力

7. 会计报表的编制必须做到（　　）。

A. 内容完整　　B. 数字真实　　C. 编报及时
D. 计算正确　　E. 前后一致

8. 下列项目中，属于利润表中“营业利润”的构成项目有（　　）。
A. 营业收入　　B. 营业成本　　C. 营业税金及附加
D. 生产成本　　E. 营业外收入

9. 下列项目中，应在利润表“营业成本”项目中列示的有（　　）。
A. 主营业务成本　　B. 劳务成本　　C. 生产成本
D. 工程成本　　E. 其他业务成本

10. 利润表中的“营业收入”项目应根据（　　）账户发生额填列。
A. 主营业务收入　　B. 营业外收入　　C. 其他业务收入
D. 投资收益　　E. 营业成本

三、判断题（对的打√，错的打×）

1. 资产负债表编制的理论依据是“资产＝负债＋所有者权益”会计等式。（　　）
2. 利润表是反映企业在某一特定日期经营成果的报表。（　　）
3. 资产负债表中的“存货”项目，应根据“库存商品”期末余额填列。（　　）
4. 利润分配表是利润表的附表。（　　）
5. 企业必须对外提供资产负债表、利润表和现金流量表，会计报表附注不属于对外提供的资料。（　　）
6. 现金流量表是反映一定期间现金流入和流出情况的报表。（　　）
7. 我国资产负债表的格式有多步式和单步式两种。（　　）
8. 资产负债表是动态会计报表。（　　）

四、实务训练题

实务训练一

1. 目的　学会资产负债表的编制
2. 资料　仁和医药公司 2009 年 12 月 31 日账户余额如表 10-7 所示。

表 10-7　仁和医药公司 2009 年 12 月 31 日账户余额表

账户名称	借方余额	账户名称	贷方余额
库存现金	3000	短期借款	300000
银行存款	120000	应付票据	2000
其他货币资金	15000	应付账款	46000
应收票据	65000	应付职工薪酬	5000
应收账款	80000	应付利息	30000
坏账准备	−1500	应交税费	9800
其他应收款	5000	其他应付款	18000
在途物资	16000	长期借款	16000
原材料	69000	实收资本	196600
库存商品	51300	资本公积	14000
周转材料	5000	盈余公积	1600
长期股权投资	18600	未分配利润	6900
固定资产	212600		
累计折旧	−20000		
长期待摊费用	6900		
合　计	645900	合　计	645900

3. 要求 依据所给出资料编制仁和医药公司 2009 年 12 月 31 日资产负债表。

4. 耗材 空白资产负债表 1 张。

实务训练二

1. 目的 学会利润表的编制。

2. 资料 仁和医药公司 2009 年 12 月末损益类账户发生额和上年同期数如表 10-8 所示。

表 10-8 仁和药业损益类账户发生额 单位：元

账户名称	借或贷	本期数额	上期数额
主营业务收入	贷	320000	290000
主营业务成本	借	160000	140000
其他业务收入	贷	20000	10000
其他业务成本	借	10000	5000
营业税金及附加	借	1500	1400
销售费用	借	80000	64000
管理费用	借	22000	20000
财务费用	借	30000	20000
资产减值损失	借	15000	7000
投资收益	贷	1000	3000
营业外收入	贷	7000	2000
营业外支出	借	1000	1200
所得税费用	借	7125	11600

3. 要求 依据所给出资料编制仁和医药公司 2009 年 12 月利润表。

4. 耗材 空白利润表 1 张。

参 考 文 献

[1] 中华人民共和国财政部．企业会计制度．北京：经济科学出版社，2001．
[2] 中华人民共和国财政部．企业会计准则——存货．北京：中国财政经济出版社，2002．
[3] 崔国萍主编．会计学基础．北京：对外经济贸易大学出版社，2009．
[4] 缪启军．会计基础与实务．上海：立信会计出版社，2007．
[5] 刘义辉主编．会计学基础．北京：首都经济贸易大学出版社，2007．

全国医药高职高专教材可供书目

	书 名	书 号	主 编	主 审	定 价
1	化学制药技术	7329	陶 杰	郭丽梅	27.00
2	生物与化学制药设备	7330	路振山	苏怀德	29.00
3	实用药理基础	5884	张 虹	苏怀德	35.00
4	实用药物化学	5806	王质明	张 雪	32.00
5	实用药物商品知识(第二版)	07508	杨群华	陈一岳	45.00
6	无机化学	5826	许 虹	李文希	25.00
7	现代仪器分析技术	5883	郭景文	林瑞超	28.00
8	现代中药炮制技术	5850	唐延猷 蔡翠芳	张能荣	32.00
9	药材商品鉴定技术	5828	刘晓春	邬家林	50.00
10	药品生物检定技术	5876	李榆梅	张晓光	28.00
11	药品市场营销学	5897	严 振	林建宁	28.00
12	药品质量管理技术	7151	負亚明	刘铁城	29.00
13	药品质量检测技术综合实训教程	6926	张 虹	苏 勤	30.00
14	中药制药技术综合实训教程	6927	蔡翠芳	朱树民 张能荣	27.00
15	药品营销综合实训教程	6925	周晓明 邱秀荣	张李锁	23.00
16	药物制剂技术	7331	张 劲	刘立津	45.00
17	药物制剂设备(上册)	7208	谢淑俊	路振山	27.00
18	药物制剂设备(下册)	7209	谢淑俊	刘立津	36.00
19	药学微生物基础技术(修订版)	5827	李榆梅	刘德容	28.00
20	药学信息检索技术	8063	周淑琴	苏怀德	20.00
21	药用基础化学	6134	胡运昌	汤启昭	38.00
22	药用有机化学	7968	陈任宏	伍焜贤	33.00
23	药用植物学	5877	徐世义	孙启时	34.00
24	医药会计基础与实务(第二版)	08577	邱秀荣	李端生	28.00
25	有机化学	5795	田厚伦	史达清	38.00
26	中药材 GAP 概论	5880	王书林	苏怀德 刘先齐	45.00
27	中药材 GAP 技术	5885	王书林	苏怀德 刘先齐	60.00
28	中药化学实用技术	5800	杨 红	裴妙荣	23.00
29	中药制剂技术	5802	闫丽霞	何仲贵 章臣贵	48.00
30	中医药基础	5886	王满恩	高学敏 钟赣生	40.00
31	实用经济法教程	8355	王静波	潘嘉玮	29.00
32	健身体育	7942	尹士优	张安民	36.00
33	医院与药店药品管理技能	9063	杜明华	张雪	21.00
34	医药药品经营与管理	9141	孙丽冰	杨自亮	19.00
35	药物新剂型与新技术	9111	刘素梅	王质明	21.00
36	药物制剂知识与技能教材	9075	刘一	王质明	34.00
37	现代中药制剂检验技术	6085	梁延寿	屠鹏飞	32.00
38	生物制药综合应用技术	07294	李榆梅	张虹	19.00